為甚麼
我不是基督教徒

羅素 著

商務印書館

為甚麼我不是基督教徒

作　　者：羅素 (Bertrand Russell)
責任編輯：李倖儀
封面設計：涂　慧
出　　版：商務印書館 (香港) 有限公司
　　　　　香港筲箕灣耀興道 3 號東滙廣場 8 樓
　　　　　http://www.commercialpress.com.hk
發　　行：香港聯合書刊物流有限公司
　　　　　香港新界大埔汀麗路 36 號中華商務印刷大廈 3 字樓
印　　刷：美雅印刷製本有限公司
　　　　　九龍觀塘榮業街 6 號海濱工業大廈 4 樓 A
版　　次：2019 年 10 月第 1 版第 2 次印刷
　　　　　© 2016 商務印書館 (香港) 有限公司
　　　　　ISBN 978 962 07 6581 0
　　　　　Printed in Hong Kong

版權所有　不得翻印

VISION

經典閱讀　思想掌舵

置身知識與資訊的汪洋中，讀經典讓我們站穩腳步，不輕易隨波逐流，或被浪淹吞沒，更讓我們配備方向舵及望遠鏡，省思自身，思考當前社會及世界的境況，探究問題本質，啟導未來。

Vision 系列叢書選收社會學、政治學、哲學、心理學、經濟學、人類學、文學等的經典傳世作品，學習前人思哲，訓練獨立思辨能力，觸類旁通。

假如你仍停留在只聽過經典作品的名稱，或道聽塗說的階段，還沒一窺作者開闊的視野，邀請你一起讀 Vision，讀世界。

關於羅素

　　羅素是二十世紀最有影響力的哲學家、數學家和邏輯學家之一。在西方哲學界，他被視為是亞里士多德以來最偉大的邏輯學家，更是分析哲學的主要創始人。他同時是位多產的作家，其代表作品有《幸福之路》、《西方哲學史》、《數學原理》、《物的分析》等。1950 年，羅素更獲得諾貝爾文學獎。

　　羅素出生於 1872 年，來自英國威爾斯一個貴族家庭，祖父約翰・羅素勳爵在 1840 年代曾兩次出任英國首相。由於雙親早逝，他由祖父母撫養長大，並接受家庭教師的教育。1890 年羅素進入劍橋大學三一學院學習哲學、邏輯學和數學，1908 年成為學院的研究員並獲選為英國皇家學會院士。1920 年，羅素訪問俄國和中國，並在北京講學一年，對中國學術界有一定影響。

　　1938 年，他在牛津大學演講，其後又在芝加哥大學和洛杉磯州大學獲得訪問職位，最後更獲紐約市立學院任命為哲學教授。但是消息曝光後，地方法院就取消了他的教授資格，認為他在 "道德上" 無法勝任教授一職。他在

1944 年回到英國，並重新執教於三一學院。羅素晚年致力於反戰爭運動，1954 年 4 月，羅素發表了著名的《羅素 —— 愛因斯坦宣言》，獲得多名科學家的簽署支持，反對核武。羅素 1970 年逝世，終年 97 歲。

推薦序

李偉才

　　自小學六年級開始，筆者即從無間斷地往香港中環大會堂的公立圖書館借閱書籍。中學二年級，由於兒童圖書館已經不能滿足我的渴求，個子矮的我於是大着膽子，前往成人圖書館閱覽。"更上一層樓"後的第一個重大發現，就是羅素先生的著作。從此，我成為了終生不渝的一個"羅素迷"。

　　讀過羅素著作的人，大概都知道他曾説過："對愛情的渴望，對知識的追求，對人類苦難不可遏制的同情，是支配我一生單純而強烈的三種感情。"不用説，對"愛、真、善"的三種追求也成為了我畢生的抱負。而跟"真"和"善"直接相關的宗教，也與我結下一生的不解緣。

　　筆者自小學三年級至中學畢業，都在天主教學校唸書。中四的聖經課由一位修女任教，而中五則由一位外籍神父任教。多得她／他們的悉心教導，我於中五畢業會考的聖經科取得了優等成績。但有一點必定令她／他們十分失望的，就是我只是將聖經這一科當作中國的古文一般來讀，"對上帝的敬拜"絕對不是其中的一部分。

　　我對上帝的懷疑其實從兒時便已開始，主要是因為無法接受"全能"的上帝為何會容許世間上無數的苦難存在。自從前往公立圖書館不停借閱之後，這種懷疑更被現代科學有關宇宙起源、地球起源、生命起源、人類起源等發現所鞏固。可以這麼説，我在閱讀羅素著作之前，已經是一個無神論者。

但羅素那獨有的清晰論述，確實使我對世俗宗教的拒斥有了一個更堅實的基礎。從他眾多的散文集（如 *What I Believe?*, 1925）到《科學的世界觀》（*The Scientific Outlook*, 1931），從《科學與宗教》（*Religion and Science*, 1935）到《為甚麼我不是基督教徒？》（*Why I Am Not A Christian*, 1927），我開始深刻地體會，宗教的教義不單止與科學探求所揭示的事實相牴觸，更嚴重的是，它所鼓吹的真理在我、唯我獨尊的教條主義和封閉排外的心態，以及不許探問、不許懷疑和強調絕對服從的權威主義，都與自啟蒙運動以來強調理性、開放和兼容的人文精神格格不入。

羅素進一步指出，世上主要的宗教，多以“恐懼”來作為它們的傳播和維繫手段：對上帝懲罰的恐懼、對無法獲得永生的恐懼、對地獄之火的恐懼……。不用説，聖經之中便充滿着上帝如何以恐怖的手段懲罰人類的故事。在羅氏看來，“全能全知至善”的上帝作出這樣的行為是荒謬的，而建築於恐懼之上的美德也不是真正的美德。

此外，羅素亦凸顯出“仇恨”在宗教裏的地位。由於服膺於“真理在我”的獨斷論，雖然宗教不斷宣揚“上帝的愛”，卻無可避免地鼓吹仇恨：對異教徒的仇恨、對懷疑論者和無神論者的仇恨……。聖經中便充滿了“上帝的選民”

如何擊殺異教徒的故事。而歷史上，因信仰衝突而起的戰爭的（如十字軍東征）比比皆是，結果導致血流成河、生靈塗炭。歐洲中世紀的宗教裁判所和"獵巫行動"，亦令大量無辜的人飽受殘害。

不要以為上述的都只是陳年的歷史，只要我們看看現今世界中，以基督文明為核心的西方陣營，與伊斯蘭阿拉伯世界之間的持久而血腥的衝突，便知羅素的分析仍未過時。

不錯，羅素的著作距今幾近一個世紀，其間宗教批判的書籍已經出版了不少。較近年的佳作有 Sam Harris 的 *The End of Faith*（2004）、Richard Dawkins 的 *The God Delusion*（2006）和 Christopher Hitchens 的 *God Is Not Great*（2007）等；中文方面則有陳鼓應於 1975 出版的《聖經批判》。但即使這樣，我還是推薦大家一讀羅素這本《為甚麼我不是基督教徒？》這是因為，在遠較今天保守的一百年前，要寫出一本這樣的書實在需要極大的勇氣。（這其實是一本論文集，其間不獨談論宗教，也批判了當時社會上的性觀念。）此外，曾獲頒諾貝爾文學獎的羅素行文非常清晰流暢和優美，閱讀他的文字本身就是一種享受。

筆者並不抗拒真正宣揚愛和包容的宗教。但對於包含着恐懼、仇恨和"真理到此為止"的宗教，羅素的著作就是最好的清涼劑。

盧德里奇名著版前言

《泰晤士報》曾報道過倫敦 1927 年 3 月初那些平靜的日子。在英國中部諸郡，追獵只不過是件普通的事情，但是在倫敦，追查匿名電話，卻有希望找回屬於布魯斯·伊斯梅夫人那條被人偷走、價值 2 萬英鎊的項鏈。花 73 英鎊 10 先令，教會旅遊者俱樂部就會把你帶到巴勒斯坦、埃及、雅典和君士坦丁堡。有許多招聘客廳侍女的廣告，但幾乎沒有關於教會遊的廣告，因為聽起來最適中的價格相當於整整一年的薪水。許多給《泰晤士報》主編的信都談到對祈禱書的建議改造；的確，諾里奇（Norwich）的主教舉行了一個關於這種改造的專門會議（主持會議的 H.R. 阿代爾（H.R. Adair）准將說，人們要的不是一本新的祈禱書，而是一本戒律書）。一些教會事件被廣泛地報道。[1]

《泰晤士報》唯一沒有公之於眾的事件大概就是 3 月 6 日全國世俗協會（The National Secular Society）南部倫敦分

1　有些東西沒有變。外交大臣奧斯丁·張伯倫（Austen Chamberlain）爵士在議會中宣佈，他有兩個不容置疑的證據可以證明令他的政黨執政的那封著名的季諾維也夫（Zinoviev）書信不是偽造的。不幸的是，他無權透露這些證據。這很自然，因為提供這些證據的正是外交部和一些保安部門，它們在最初泄露這封信之前，很可能已經叫人對它進行了篡改。——作者註

會在巴特西（Battersea）市政廳舉行的星期日演講，而且它後來對此也沒有報道。這篇演講就是《為甚麼我不是基督教徒》，它是伯特蘭‧羅素（Bertrand Russel）許多關於宗教的著作中最著名、最率直的著作。

一直以來很盛行將羅素那篇演講以及後來關於宗教的著作斥為膚淺、鄙俗、不能達到論題的深處。其實，羅素那屈尊俯就的傲慢態度就表明，如果宗教只是迷信的話，那麼羅素的話大概應該是中肯的，但宗教不是迷信，則羅素的話並不中肯。最早的這種抨擊來自同年 8 月剛剛成為宗教徒的 T.S. 艾略特（T.S. Eliot），見於他主編的雜誌《標準月刊》。[2] 因為艾略特幾乎預料到了後來的批判，我將集中精力探討那些他提出的問題。

艾略特抓住羅素的話：“我認為，人們接受宗教的真實原因同論證根本沒有甚麼關係。他們接受宗教是由於情感的原因。”艾略特說：“儘管他沒有明確地說他自己的宗教也完全是以情感為基礎，但是我確信他會承認這一點。”艾略特鄙夷地援引羅素用以結束其演講的那番動情的話，引用結束語“我們應該自立，客觀公正地觀察世界……用智慧征服世界，而不是一味奴隸般地懾服於世界……”，輕蔑地說，羅素很喜歡站起來而不是坐下，他的話會“打動那些使用和他本人相同流行語的人的心”。

艾略特簡短而激烈的反駁經歷了三個階段。他同意羅素

2　*The Monthly Criterion*，第 6 期，1927 年 8 月，第 177 頁。──作者註

的看法，認為恐懼（羅素把它看作是推進宗教的力量）一般說來是件壞事。但是他強調，有經驗的神學家會把好的恐懼與壞的恐懼區分開來，並堅持認為，對上帝的適當畏懼是一件與對盜賊、破產或蛇的畏懼大不一樣的事情。他沒有作任何進一步的詳細說明，但我們可以猜想到，他把畏懼上帝當成了消除恐懼存在主義的良方，恐懼存在主義亦即恐懼無根、在一個沒有是非觀念且毫無意義的世界裏迷失方向。

艾略特進而指出，羅素的論證全都很常見。這在某種意義上是真實的，如若我們讀過休謨（Hume）、康德（Kant）或費爾巴哈（Feuerbach）的著作的話，然而幾乎沒有人會宣稱，自己也像艾略特所說的那樣，記得原因倒推問題（羅素說，這個問題他是從穆勒那裏獲知的）"是我六歲時一個虔誠地信奉天主教的愛爾蘭保姆向我提出的"。不過，即使艾略特是對的，因為羅素的文章沒有哲學上的原創性，但艾略特暗示論證因為常見而有一點兒不太好，好像它們因此喪失了支配我們信仰的權利似的，這觀點卻是錯的。

最後，更為重要得多的是，艾略特宣稱，羅素應當承認，重要的不是你說些甚麼，而是你是怎麼做的，因而"無神論往往只是各種基督教教義"。艾略特說，有許多種無神論，例如"馬修·阿諾德（Matthew Arnold）的高教會派無神論"或"D.H. 勞倫斯（D. H. Lawrence）先生的馬口鐵壁龕（Tin Chapel）無神論"。艾略特最後說："正如羅素先生政治上的激進主義只是各種輝格黨（Whig）黨義一樣，他的非基督教精神也只是各種低教會派感情。這就是為甚麼他的抨擊文章是一份古怪而又無用的文件的原因。"多於七十五年的時間，羅素的文章加強了許多人文主義者、不可知論者、自由主義者、無神論者的觀點，而艾略特的抨擊似乎有悖常理地與這些觀點無關。但是艾略特的抨擊值得關注，這不僅是因為它預示羅素的文章不得不經歷時代變遷的來臨，而且還因為在許多方面，它比羅素更使我們接近於現代世界。這並不意味着艾略特在任何一場理智辯論中贏得了勝利（遠非如此），而是意味着他令人滿意地暗示了這樣一種文化氛圍：它會迫使羅素的啟蒙理性主義為空氣而鬥爭，而且在某些人看來，它會使羅素的啟蒙理性主義永遠滅絕。

所以考慮一下艾略特的那個通俗的重要論點：如果情感使得人們接受宗教信仰的話，那麼情感同樣也為拒斥宗教信仰提供根據。乍看起來這似乎是個巧妙的回答，使羅素搬起石頭砸自己的腳，但是看第二眼時它就完全不像初看上去那樣巧妙了。我們大家都相信"不存在任何⋯⋯"這種多得不計其數的命題：我們相信，不存在任何牙仙子，或者，任何像聖誕老人或福爾摩斯這樣的人。的確，對於這種事物的相信也許非常稀奇古怪，與我們對世界主要的理解完全相反，這可算得上是一種欺騙。另外，在沒有長篇小說的情況下，我們"進入"被騙者心靈的唯一方法就是假定他們為各種強大的情感力量，即信仰的各種無意識決定因素所控制，信仰的這些無意識決定因素只講被騙者的心靈，根本不講世界上會有甚麼。因此不能得出以下錯誤的結論：相信不存在像上面所提到的那些人物的普遍心態，需要一種類似的情感解釋。相反，它完全而且令人滿意地為我們對世道常情的悟性所解釋，世界上不存在這樣的事物。

雖然就目前情況來説，這是正確的，但它並沒有使我們認真考慮事情的實質。因為有了對於顯然是真實的東西的一致意見，我們也會在被診斷為奇特力量受害者的人身上找到一致的意見：他們相信其他東西。當基督教是那種一致意見時，被認為是奇特力量受害者的就是無神論者。"愚頑人心裏説：'沒有上帝'"[3]這句經文常常被用來證明：無神論與其説是一種理智上的不得已狀態，還不如説是由於持自由思想的無神論者想要逃脱自己的良心而造成的一種墮落狀態。[4]假若沒有一致意見，但卻有基督教徒與無神論者之間的辯論，雙方都會用機械論來解釋對方的愚昧。所以，引入情感的診斷並不能對任何一方的辯論有所促進，除非一方確實擁有那種應當被不偏不倚地看作是比另一方更好的診斷的東西。

然而，艾略特暗示某種更為激進得多的東西。他似乎認為，做一個基督教徒根本不是一個相信甚麼的問題（那會使相信甚麼只是成為迷信）。他的意思是説，這純粹是個對世界，而且可能是對一些經文持某種情感態度的問題。有一次，艾略特在哈佛大學談到他那年邁的老師時説："（他）

3　見《聖經・詩篇》第一卷第十四篇第一節。──譯者註

4　Alan Charles Kors, *Atheism in France*,1650-1729, Princeton, NJ: Princeton Univeristy Press, 1990. ──作者註

是個真正的無神論者，同時實質上也是個最正統的基督教徒。"這聽起來絕對荒謬，為甚麼不用"佛教徒"、"印度教徒"、"什葉派教徒"或"遜尼派教徒"來代替呢？艾略特一定是在談論某種共有的情感，亦即可能是幾乎任何人——不管他們聲稱具有甚麼信念——都共有的一種人性的最低共同點。似乎你們可以說：一切宗教（以及無神論）都宣揚愛，所以讓我們對它們加以辨認。這種乏味的普世教會主義也是現代世界的一部分。它也許像解決宗教衝突的方法一樣討人喜歡，但是除了別的事情外，它令了解基督教的歷史成為不可能，在基督教的歷史上，人們曾因是否有聖餐變體、上帝與人之間的實體同一、行動救贖或命定這種事情而情緒激奮地相互處以火刑。

對於羅素來說，辨認基督教徒所相信的東西是件相當簡單的事情。至少，他們信仰上帝、靈魂不朽，相信基督是最優秀、最有智慧的人。它不像清單一樣可以瀏覽。羅素耐心地解說他所說的基督教徒的含義，而艾略特在這方面偏偏很隨意。艾略特辯解說，重要的不是你的言辭，而只是你的行為。在艾略特看來，某個人可能會說他們相信這些東西，或者可能會說他們不相信這些東西。但是接下來在察看他們對自己選擇的那種言辭所作的解釋時，則出現了真正的問題。那時候，羅素肯定是贊同這樣一種觀點的：一個人的精神生活完全展現在其行為之中。現在人們並沒有非常清楚地看出他不同意這種觀點。但是它揭示了解釋或解釋學的整個問題，因為在一個人的語言行為和非語言行為的漩渦中，哪裏有叫我們把他們看作是相信某個東西，或者不相信某個東西的那些固定點？如果，不管其受害者竭力否認，艾略特還是把羅素看作是低教會派信徒，那麼，甚麼可以證明他是錯的呢？當明確的意思消失在一大堆相互抵牾的解釋之中時，現代之弦再次被敲響。

但是像情感遊戲一樣，這是一種兩人能玩的遊戲。如果反過來，羅素想把艾略特看作是一個徹底的無神論者，而這個無神論者剛好喜歡背誦各種各樣的話語，或者喜歡參觀各種各樣的建築物，那麼，甚麼可以證明他是錯的呢？如果不確定性規則可以證明他是錯的，那麼，我們就能把艾略特悖論顛倒過來描述他：像所有正統的基督教徒一樣，他同時實質上是一個真正的無神論者。

羅素曾區分宗教中的三個要素：教會、信條或一套教義、宗教感情。眾所周知，雖然他毫不留情地抨擊作為一個組織的教會，並堅持認為宗教信條對於任何一個有推理能力的人來說簡直是不可相信的，但他自己卻不但承認宗教感情，而且在其一生中的許多時期都使它們成為對於他的世界觀念和他在世界中的地位來說乃是絕對重要的東西。完全進入老年後，他總是悲歎他的理智所告訴他的東西與他在情感上想要相信的東西之間的距離：

我總是非常想為由某些似乎存在於人類生活之外，而且似乎應當有敬畏感的事物所激發的情感，找一些正當的理由。所以，我的直覺與人文主義者相同，但我的情感卻激烈反抗。在這方面，"哲學的慰藉"對我並不適用。[5]

羅素曾撰文敍述他從事哲學研究的兩個緣由："希望找到某種能夠被公認為無疑是真正的知識……希望找到宗教衝動方面的某種樂趣"。[6]羅素的女兒凱薩琳‧泰特（Katharine Tait）寫道："從秉性上說，他是個極度虔誠的人"。[7]他早年曾寫信給他第一任妻子艾麗絲（Alys），說他很欽佩斯賓諾莎（Spinoza），因為斯賓諾莎宣傳一種"建立在一種廣泛、未下定義的神秘主義基礎上的富有的、驕奢淫逸的禁慾主義"。[8]

由於承認情感及其極端的重要性，但卻否定信條並譴責有組織的教會，羅素使自己易於在另外一條戰線上招人抨擊。宗教語言為甚麼不應當是宗教情感的最好表達？那確實是它所適合的東西。所以，艾略特著作中的詩人和文學評論家必然會反對羅素幼稚地強行將情感與表達割裂開來的做法（儘管那意味着艾略特並不是一貫擁護上面所辨認的那種乏味的普世教會主義，因為無神論者表達自己思想的方式

5 'My Mental Development', in *The Philosophy of Bertrand Russell*, edited by Paul Schilpp, London: Cambridge Univeristy Press, 1944, p.19. —— 作者註

6 'Why I Took to Philosophy', in *Portraits from Memory and other Essays*. London: Allen & Unwin, 1956. —— 作者註

7 Katharine Tait, *My Father Bertrand Russell*, London: Harcourt Brace, 1975,p. 184. —— 作者註

8 引 自 Kenneth Blackwell, *The Spinozistic Ethics of Bertrand Russell*, London: George, Allen & Unwin, 1985, p. 23. —— 作者註

無疑與基督教徒以及其他人不一樣）。

如果情感與表達是一回事，那麼，宗教情感就是最好的宗教著作中所表達的關於生命、命運、記憶和喪失的情感。而如果行動使得言辭具有意義，那麼，教會傳播這些宗教著作，並透過賦予這些著作適當的歷史連續性、適當的莊嚴和儀式，以更新它們的意義，而持續這些著作的生命即只是延續教會的生命。如果宗教被看作是一種天衣無縫的實踐，那麼，羅素的那些分析區別就站不住腳。它們顯示出情感、言辭和構成對世界虔誠的態度的儀式本質上的統一。根據這種看法，"我知道我的救贖主活着"這句經文並不是完全說真話或說假話，而是具有在耶誕節唱這句經文（或在教堂裏唱這句經文）時所賦予它的任何意義。無論是羅素，還是他之前的無神論者，都沒有預見到這種表述。[9] 然而，即使它是關於虔誠的"信徒"所正在做的事情的正確表述，羅素也許還是能夠用他那真正而又嚴肅的道德理由去反對它們。儀式和言辭不但是含蓄表達感情的方式，但也是禁止和迫害的預兆。

我們可以把艾略特與羅素的爭執看作是預先探討現代對於啟蒙的長期爭論。羅素堅持理性、信仰、真理、科學和分析，並認為情感只是不幸的前導，即便它異常重要。羅

9　尤其可以參見 Ludwig Wittgenstein, *Lectures and Conversation on Aesthetics,Psychology and Religious Belief*, edited by Cyril Barrett, Oxford: Blackwell, 1966. ——作者註

素認為宗教信仰是簡單的信仰，要受或然性、科學、邏輯和歷史的審查，而審查後，它們可能會被發現不合格。艾略特把它們與詩歌、感情、情感、表達、傳統歸為一類，而合理性、科學、分析和或然性卻被放逐到邊緣。[10]

因為宗教意識形態再次爭奪有才智的人，甚至是西方國家，所以在我們所處的這個時代，關於解釋的論戰仍然在進行。羅素的演講有一些值得稱道的東西，其中之一是他在戰場上採取一種態度時所表現出來的那種明確性。凡是持不同立場的人不得不與他正面交鋒，這往往需要比艾略特設法搜集更加充足的論據。

西蒙・布萊克本（Simon Blackburn）
2003 年於劍橋大學

---

10 或者也許試圖這樣做。拿吳爾夫夫人（Virginia Woolf）來說，她就常常嘲笑艾略特的英國國教高教會派式的裝腔作勢。——作者註

編者引言

　　伯特蘭・羅素一直是位多產的作家，他有些最出色的工作包含在一些小冊子和為各種期刊撰寫的文章中。他關於宗教的討論尤其是如此，其中許多在某些理性主義者的圈子以外很少為人們所知曉。在本書中，我收集了這些關於宗教的論文中的許多論文，以及其他一些像《自由與學院》、《我們的性道德》這樣就論題而言至今仍然很有意義的文章。

　　儘管羅素因其對諸如邏輯和認識論這樣一些純抽象學科的貢獻而深受人們的尊敬，但是我們幾乎完全可以猜想到，在未來的歲月中，他同樣也會被人們記得是個道德和宗教方面偉大的異教徒。他從來不是一個純專業哲學家。他總是非常關心各個宗教業已各自作出了回答的那些根本問題——關於人在宇宙中的地位和高尚生活的本質的問題。他對這些問題的論述不乏透闢、機智和雄辯，而且他以才華橫溢的散文形式表達自己的思想，他的其他著作就是因為這種透闢、機智和雄辯，以及這種才華橫溢的散文體而著名。這些特質使本書所含的文章也許成了自休謨和伏爾泰時代以來表達自由思想家觀點的最感人、最優美的文字。

　　伯特蘭・羅素論宗教的書無論甚麼時候都是值得出版的。目前，我們看到有人正在利用現代廣告技術的圓滑性掀起一場宗教復興運動，在這種情況下，重申不信宗教者的觀點似乎尤為可取。幾年來，在文化修養高、中、低的每一個層次上，我們一直都受到來自每一個角落的神學宣傳的狂轟濫炸。《生活》雜誌發表社論向我們斷言："除了固執己見的唯物主義者和基要主義者外"，進化論和基督教教義之間的論戰"已結束多年"；"科學本身……反對那種認為宇宙、生命或人類的形式純屬偶然的觀念。"比較有尊嚴的辯護者湯因比（Toynbee）教授告訴我們說，我們"根據世俗的理由，是無法對付共產主義的挑戰的"。諾曼·文森特·皮爾（Norman Vincent Peale）、希恩（Sheen）閣下以及其他宗教精神病學教授在擁有千百萬讀者的報紙專欄、暢銷的書籍、每週對全國播放的無線電廣播節目和電視節目中讚美信仰的好處。所有黨派的政治家（其中許多人在他們開始競爭公職之前根本就沒有因為虔誠而出名）全都確信自己被人們公認為是一個盡本分的、按時去教堂做禮拜的人，而且在他們顯示才學的演講中從來不會忘記提到上帝。在比較好的大學的課堂外面，人們很少能夠聽到有關這個問題的反面意見。

因為宗教攻勢並不局限於大規模的宣傳，所以這類不妥協地肯定非宗教主義觀點的書籍今天就更加為人們所需要了。在美國，這種宗教攻勢也一直表現為多次試圖暗中破壞憲法所規定的政教分離，其中獲得成功的次數不少。這種試圖暗中破壞政教分離的事情太多，在此無法細述；但是兩三個實例也許就能足以表明這樣一種擾亂人心的趨勢，即如果該趨勢繼續未受阻止，那麼，它就會使反對傳統宗教的那些人淪為二等公民。例如，幾個月前，美國眾議院的一個小組委員會在一項兩院共同決議中列入了這樣一個令人驚奇的提案："忠於上帝"是最優秀的政府工作人員必不可少的先決條件。立法者還正式提出："任何人以任何身分在政府或政府所屬部門供職，都應該有獻身於上帝的特點。"這個決議案目前還沒有成為法律，但如果對它不加以強有力的反對的話，它很快就會成為法律。另外還有個決議案把"我們信奉上帝"定為美國的國訓，該決議案已為兩院所通過，現在已是國家的法律了。紐約大學的喬治·阿克斯特爾（George Axtelle）教授是少數幾個敢於對這種做法直言不諱的批評家之一，他在參議院的一個委員會作證時恰如其分地把它們說成是對政教分離原則的"雖然微弱但卻值得注意的侵蝕"。

在憲法明令禁止的地方強行注入宗教的企圖，絕不僅僅局限於聯邦立法中。比如，舉一個特別明顯的例子，1955年紐約市教育董事會的學校監理會起草的《關於監督人與教師的指導性說明》毫不隱諱地宣稱："公立學校鼓勵信仰上帝，承認我國是一個宗教國家的這個簡單事實"；此外，它還宣稱：公立學校"確認上帝是自然和道德法則的終極源泉"。要是通過了這個聲明，紐約市學校的課程中恐怕就沒有一門學科能逃脫神學的侵擾。甚至像科學和數學這樣明顯是世俗的課程，也要帶着宗教的色彩來講授。該聲明宣稱："科學家和數學家們認為宇宙是個合乎邏輯的、有秩序的、可預言的地方。

他們對天穹的廣大無垠和絢麗多彩、人類身心的奇妙、大自然的美麗、光合作用的奧秘、宇宙的數學結構或無窮大這些概念的看法，只能導致在上帝的創造物面前卑躬屈膝，俯首聽命。人們只能說："我觀看你指頭所造的天"[1]。像"工藝課"那樣無害的課程也未能倖免。學校監理會的哲學家們斷言："工藝課中，對金屬成分的奇妙現象、木材的紋理和美、電的各種表現形式，以及人類一直在使用的各種材料的特性的觀察，導致關於自然界的設計和有序性以及一種至高無上的力量令人驚奇地工作的臆測。"市民和幾個比較開明的宗教團體看到這個報告後勃然大怒，非常憤慨，以至於教育董事會沒有辦法通過這個報告。後來，經過修改，刪去幾段最使人反感的段落，該報告才被通過。然而，即便是修改後的報告，其中神學言詞也多得使非宗教主義者疾首蹙額，人們只好希望將來在法庭上對其合憲性提出異議。

　　對於教會利益集團的大多數侵害行為的反對，一直少得驚人。造成這種情況的一個原因似乎是普遍都認為現今的宗教是溫和的和寬容的，迫害乃是過去的事情。這是一種危險的錯覺。雖然現在的許多宗教領袖無疑是真心贊成自由和寬容的人，而且也是堅決主張政教分離的人，但不幸的是另外還有不少人，如果可能的話仍然會實行迫害，而且他們也確實一有機會就在進行這種迫害。

　　英國的情況稍微有些不同。英國有國教，在所有的公立學校中宗教教育都是法律認可的。然而，英國人的性格

1　見《聖經·詩篇》第八篇第三節。——譯者註

則寬容得多，在社會生活中人們並不怎麼顧忌公開自己的非教徒身分。不過，在英國，普通的親宗教宣傳也是非常厲害的，那些比較具有攻擊性的宗教團體正在竭力阻止自由思想家們陳述他們的看法。例如，最近的《貝弗里奇報告》（*Beveridge Report*）建議：英國廣播公司應該給持理性主義觀點的代表一個發言的機會。英國廣播公司雖然正式接受了這個建議，但在實施該建議方面卻幾乎甚麼也沒有做。瑪格麗特・奈特（Margaret Knight）關於“無宗教的道德”的那些講話，是在一個重要的論題上提出無宗教信仰者的見解的很少幾次嘗試之一。奈特夫人的講話氣得三教九流的盲信者大發雷霆，此事似乎嚇得英國廣播公司只好像從前一樣屈從於宗教利益集團。

為了幫助在這個問題上消除自滿，我在本書中添加了一個附錄，該附錄非常詳細地記述了伯特蘭・羅素是如何被阻止擔任紐約市立學院哲學教授的。即使只是為了揭示狂熱的宗教徒們當其力圖要擊敗敵人時所樂於使用的那種令人難以置信的歪曲事實和濫用職權的方法，也應該讓更多的人知道這個事件的真相。現在要想消除美國世俗性質的人，正是當年成功地阻止任用羅素的那些人。總的說來，今天他們和英國那些同伴比 1940 年更有權勢了。

即便只是為了對伯特蘭・羅素本人做到公平合理，我們也應該對市立學院案予以詳細的記述，因為他當時曾受到聽取訴狀的法官和報刊上連篇累牘的文章的惡意中傷。羅素的觀點和行為曾是恣意歪曲的對象，因此，不熟悉羅素著作的人必定會對他的主張產生完全錯誤的印象。我希望這裏所講述的真情，以及重新發表羅素討論"令人厭惡的"話題的一些實際內容，能有助於澄清是非，以正視聽。

　　本書中有幾篇論文承蒙其原出版者慨然允許，才得以重印。在這一點上，我要感謝《為甚麼我不是基督教徒》和《宗教對文明作出過有用的貢獻嗎?》的出版者沃茨公司、《我相信甚麼》的出版者盧德里奇和基根·保羅公司、《我們死後靈魂還能存活嗎？》的出版者哈欽森公司、《托馬斯·潘恩的命運》的原出版者尼科爾森和沃森公司，以及最早刊登《我們的性道德》和《自由與學院》的《美國信使》月刊。我還要感謝我的朋友安東尼·弗盧教授、露絲·霍夫曼、希拉·邁耶，以及我的學生瑪麗蓮·查尼、薩拉·基利恩和約翰·維斯賽德，在編輯此書的過程中他們在許多方面給予我幫助。

　　最後，我要向伯特蘭·羅素本人表示感謝。他一開始就贊同這一計劃，他自始至終強烈的興趣是靈感的主要源泉。

　　　　　　　　　　　保羅·愛德華茲（Paul Edwards）
　　　　　　　　　　　1956 年 10 月於紐約市

序言

　　愛德華茲教授重新出版我許多有關神學問題的論文，尤其是他寫了那篇令人欽佩的前言性評論，使我甚為感激。我特別高興的是能有這樣一個機會重申我在各篇論文所涉及的那些問題上的信念。

　　近幾年有個傳言，大意是我已經不像從前那樣反對宗教的正統觀念了。這個傳言是毫無根據的。我認為，世界上所有大的宗教——佛教、印度教、基督教、伊斯蘭教，以及共產主義——都既有悖於事實又有害。從邏輯上講，顯而易見的是，既然它們的觀點不相一致，它們之中就不可能有一種以上是合乎事實的。一個人所信奉的宗教幾乎無例外地就是他生活在其中的那個社羣的宗教，這就表明：是環境的影響導致他信奉該宗教。誠然，經院哲學家們曾編造出假充邏輯論證的那種理論來證明上帝的存在，而這些論證，或思路大致相似的其他論證，已為許多著名哲學家所接受，但是，這些傳統的論證所求助的邏輯乃是亞里士多德的那種陳舊的邏輯，它現在，除了天主教徒這種人以外，幾乎已為所有邏輯學家所摒棄。這些論證中有一個論證並不是純邏輯的。我指的是宇宙設計論論證。然而，該項論證已被達爾文所摧毀；而且，不管怎麼說，只有拋棄上帝的全能才能使該項論證在邏輯上說得過去。撇開邏輯說服力不說，我覺得這些人的道德評價有點怪，他們認為，一個無所不能、無所不知、仁慈博愛的上帝，在經歷了好幾百萬年的時間用無生命的星雲造就了大地之後，會認為他自己因最終出現了希特拉、史太林和氫彈而得到了適當的回報。

宗教是否合乎事實是一回事，而宗教是否有用則是另一回事。我堅信宗教是有悖於事實的，而且我也同樣堅定地相信它是有害的。

宗教造成的危害有兩種：一種取決於被認為可能會沉溺於宗教的那種信仰，另一種取決於特殊的信條。關於那種信仰，有人認為，有信仰 —— 也就是說，有不為任何相反的證據所動搖的信念 —— 乃是一種美德。或者說，如果相反的證據可能會引起懷疑，那麼有人就認為，相反的證據必須受到抑止。出於這種原因，在蘇聯，就不讓青年聆聽贊成資本主義的理由；或者說，在美國，就不讓青年聆聽贊成共產主義的理由。這就使得兩國的信仰保持原封不動，準備進行相互殘殺的戰爭。雖然自由的探究不會支持信仰，但是，認為相信這個或者相信那個是很重要的那種信念，幾乎是一切宗教的共同點，並影響所有的國家教育制度。結果是，青年的心智發展受到阻礙，他們的心裏既對持有其他狂熱的那些人，又甚至更狠毒地對反對一切狂熱的那些人，充滿了狂熱的敵意。

如果一種將信仰建立在證據的基礎上、並只賦予它們證據所確保的那種確實性程度的習慣成為普遍的風尚，那麼，它就可以治癒世界正在遭受的大部分弊病。但是現在，在大多數國家，教育的目的就在於阻礙這種習慣的養成，拒絕宣稱信仰某種沒有事實根據的教條體系的人都被認為不適合做青年的老師。

上述種種弊害與我們所談論的特殊信條沒有甚麼關係，它們相同地存在於以教條的方式被持有的一切信條中。但是在大多數宗教中，也有一些特定的、明確有害的道德信條。天主教對節育的譴責如能奏效，就會使得救濟貧困和消除戰禍成為不可能。印度教關於牛是神聖的動物和寡婦再嫁是邪惡的信條，造成完全不必要的痛苦。共產主義對少數真正信仰者的專政的信奉，產生了許多可惡的後果。

時常有人對我們說，只有狂熱才能使一個社會集團產生效果。我認為，這與歷史的教訓完全相反。但是，無論如何，只有卑躬屈節地崇拜勝利的人，才會不顧後果地認為效果是令人欽佩的。至於我，我認為，與其有大害，不如有小益。我希望看到一個擺脫了集團戰爭行動的致命性的世界，這個世界能認識到：全人類的幸福不是來自衝突，而是來自合作。我希望看到一個這樣的世界，在這個世界上，教育的目的在於思想自由，而不是在於將青年人的思想禁錮在堅硬的教條盔甲裏，以便使他們終身免受公正的證據之箭的傷害。世界需要坦率的心胸和開通的思想，而且，不通過僵硬的制度，不管這種制度是新的還是舊的，就能得到這樣的心胸和思想。

伯特蘭・羅素

目　錄

第 一 章

為甚麼我不是基督教徒

這篇演講是 1927 年 3 月 6 日在全國世俗協會南部倫敦分會主持下於巴特西市政廳發表的。

你們的主席已經告訴你們，我今晚演講的題目是："為甚麼我不是基督教徒"。首先，也許還應當搞清楚，人們所說的 "基督教徒" 這個詞是甚麼意思。現在，許多人都是在不嚴格的意義上使用這個詞。有些人認為 "基督教徒" 這個詞只是指那些想過正派生活的人。照這樣說來，我想所有教派和宗派中都有基督教徒了；但是我認為這不是這個詞的本義，即使僅僅因為：這樣說言外之意就是說凡不是基督教徒的人 —— 所有的佛教徒、儒教徒、伊斯蘭教徒等等 —— 都不想過正派的生活。我所說的基督教徒並不是想按自己的看法過正派生活的人。我認為，你在有權自稱為基督教徒之前，一定要有某種程度的明確的信仰。現在，"基督教徒" 這個詞完全不像聖奧斯定時代和聖托馬斯・阿奎那時代那樣有一種單純明確的意思。那時候，如果一個人說自己是基督教徒，人們就知道他說的是甚麼意思。你接受一整套非常精確地制訂的信條，而且毫不懷疑、非常堅定地相信這些信條的每一個詞、每一句話。

甚麼是基督教徒？

現在的情況並不完全是那樣。我們理解基督教這個詞的含義就要比較含糊一些。但是我認為，有兩種不同的信仰，對於任何一個自稱為基督教徒的人來說，是完全不可缺少的。第一種信仰是教義性的 —— 也就是說，你必須信仰上帝和永生。如果你不信仰這兩樣東西，我認為你就不能很適當地自稱為基督教徒。其次，比那再進一步，就像這個名稱所暗示的，你必須對基督有某種信仰。比如，伊斯蘭教徒也信仰上帝和永生，但是他們不會自稱為基督教徒。我認為你最起碼得相信，基督即使不是神，至少也是人類中最優秀、最有智慧的。如果你不想對基督信仰到那種程度，我認為你就根本沒有權利自稱為基督教徒。當然，你在《惠特克年鑒》（*Whitaker's Almanack*）和地理書上還可以看到另一種意義，據說這些書把世界人口劃分為基督教徒、伊斯蘭教徒、佛教徒、物神崇拜者等等；根據那種意義，我們全都是基督教徒。地理書把我們全都算進去了，但那純粹是地理學的含義，我想我們可以不去理會它們。所以，我認為，當我告訴你們為甚麼我不是基督教徒的時候，我必須告訴你們兩件不同的事情：第一件事情是，我為甚麼不信仰上帝和靈魂不朽；第二件事情是，我為甚麼認為基督並不是最優秀、最有智慧的人，儘管我承認他的德行還是十分高尚的。

要是沒有過去無宗教信仰者卓有成效的努力，我就不可能對基督教這個詞採用這樣有伸縮性的定義。正像我在前面所說的那樣，在古昔，這個詞的定義要單純明確得多。例如，它包括相信有地獄。直到相當近的時期，相信有永遠不滅的地獄之火，仍然是基督教信仰的一項必不可少的內容。你們知道，在這個國家裏，由於樞密院的一個決議，它不再是一項必不可少的內容，而坎特伯雷大主教（Archbishop of Canterbury）和約克大主教則對那個決議持有異議；但是在這個國家裏，我們的宗教受制於議會法案，因此樞密院可以不把這兩位大人放在眼裏，使基督教徒不再需要相信有地獄。因此，我不會堅決認為基督教徒必須相信有地獄。

上帝的存在

談到上帝存在的問題，那是一個重大而又嚴肅的問題，假如我試圖對這個問題充分地展開論述，我就會無休止地把你們留在這兒，所以我只好講得稍微簡短扼要一點，請你們原諒。當然，你們都知道，天主教會把上帝的存在可以用不言而喻的理由來證明這一點作為教義而規定下來。這條教義雖然多少有點荒唐，但它卻是他們的教義之一。他們不得不採用這一教義，因為自由思想家們曾一度很喜歡說：有某些論證，僅只理性就可以力陳這些論證以反對上帝的存在，但是他們卻根據信仰，理所當然地認定上帝確實存在。這些論證和理由得到極其詳盡的陳述，於是，天主教會就覺得他們必須阻止這種陳述。因此，他們規定上帝的存在可以用不言而喻的理由來證明，並且他們不得不提出他們認為可以證明上帝存在的論證。當然，這樣的論證有很多，但我將只選幾項談談。

第一原因論證

　　也許最簡單易懂的就是第一原因論證（有人堅持認為，我們在這個世界上所看到的萬事萬物都有一個原因，你如果沿着原因之鏈一步一步地追溯，必定會發現一個第一原因，而且會給這個第一原因取名為上帝。）。我看這項論證現今不太受重視，因為首先現在所說的原因，與從前所說的原因完全不是同一回事。哲學家和科學家已經對原因進行了研究，它已沒有像它從前所有的那種活力；但是，除此之外，你們還能夠看到，認為必定有一個第一原因的論證是一個不可能有任何活力的論證。我可以說，我年輕時曾在腦袋中對這些問題進行過認真的思考，在很長一段時間裏我也贊同第一原因論證，直到十八歲那年，有一天在讀約翰·斯圖亞特·穆勒（John Stuart Mill）自傳時，發現書中有這樣一句話："我父親教導我說，'誰創造了我？'是無法回答的，因為它馬上會進一步使人聯想到這樣一個問題：'誰創造了上帝？'"現在我仍然認為，這句很簡單的話給我指出了第一原因論證的荒謬。如果萬事萬物必定都有一個原因，那麼上帝也必定有一個原因。如果可以有甚麼沒有原因的事物，它很可能就是上帝和世界，因此，那項論證不可能有甚麼活力。它具有與印度人的觀點完全一樣的性質，這種觀點認為，世界由一頭象駄着，而這頭象又由一隻龜駄着；當有人問"龜又由甚麼駄着呢？"時，印度人就說："還是讓我們換個話題吧！"第一原因論證其實並不比那種觀點高明。沒有理由說世界沒有原因就不能產生；另一方面，也沒有理由說世界不應該本來就是一直存在着的。沒有理由認為世界一定要有個開端。認為事物一定要有個開端的觀念實際上是因為我們缺乏想像而造成的。因此,我也許用不着再在第一原因論證上浪費時間了。

自然法則論證

另外還有一項根據自然法則作出的、很常見的論證。它在整個 18 世紀,尤其是在以撒・牛頓爵士及其宇宙演化論的影響下,是一項特別受人青睞的論證。人們觀察到行星按萬有引力定律圍繞着太陽運轉,於是他們便認為上帝命令這些行星按照那種特殊的方式運行,這就是它們為甚麼這樣運作的原因。當然,那是一種便利而又簡單的解釋,它使他們省卻了尋求進一步說明萬有引力定律的麻煩。現在,我們用愛因斯坦所採用的那種多少有點複雜的方式解釋萬有引力定律。我不打算對你們作關於愛因斯坦所解釋的萬有引力定律的演講,因為那又要花費不少時間;總而言之,你們已經不再了解牛頓體系中的那種自然法則,在牛頓體系中,由於某種誰都無法知曉的原因,自然恆久不變地運行。我們現在發現,許多我們過去以為是自然法則的東西,其實是人的約定。你們知道,即使在太空中最遙遠的地方,一碼還是等於三英尺。毫無疑問,這是非常顯著的事實,但是你們不大會稱之為自然法則。許多被看作是自然法則的東西都屬於這一類。另一方面,如果你們能認真研究一下原子活動的真實情況,你們就會發現,它們遠不如人們想像的那麼嚴格地受制於法則，你們所得出的法則只是從偶然事件中顯露出來的那種統計學上的平均數。我們都知道，有這樣一個法則：如果你擲骰子，你每擲三十六次大約只會得到一次雙六，我們並不認為這就證明骰子的下落受法則的控制；相反，如果每次都是雙六的話，那麼我們倒認為存在着法則。自然法則中很多都是屬於這一類。它們是諸如從機遇法則中顯露出來的那種統計學上的平均數；那就使得自然法則這整件事情遠不如從前那樣給人以深刻的印象。完全撇開這件事情不談（這件事情反映明天就可能變化的科學的暫時狀態），認為有自然法則必定就有法則制訂者的整個這一觀念，應歸咎於把自然法則與人類法則混為一談。人類法則是要求你採取某種行為方式的命令，你可以決定採取這種行為方式，也可以決定不採取這種行為方式；而自然法則則是對事物運動方式的如實描述，而且也僅僅是對其運動狀況的如實描述而已，你不能論證說必定有誰叫它們那樣做，因為即使假定有誰叫它們那樣做，那麼你也面臨這樣一個問題："為甚麼上帝只頒佈這些自然法則而沒有頒佈其他自然法則？"如果你說上帝只是隨心所欲，沒有任何理由，那麼你就會發現有某個事物並不受法則的支配，所以你的自然法則鏈就斷了。如果你也像比較正統的神學家一樣斷言：在上帝頒佈的所有法則中，他提出這些法則而非其他法則是有理由的——理由當然是要創造最美好的宇宙，儘管你絕不會認為應當察看一下這個最美好的宇宙——如果上帝提出的那些法則真的有理由，那麼上帝本人也應受法則的約束，所以，你用上帝作中介，並沒有得到甚麼好處。你確實具有一個超越並且先於神旨的法則，上帝並不能幫你解決問題，因為祂不是法則的最初制訂者。總而言之，整個關於自然法則的論證無論如何再也沒有它從前所具有的那種活力了。我正在按時間順序逐個審視那些論證。隨着時間的推移，以前用來證明上帝存在的那些論證改變了特性。它們最初是一些深奧難懂、講求理智且含有某些非常明顯的推論謬誤的論證。到了近代，它們變得在理智上不那麼可敬了，並且愈來愈有一種空洞的說教味道。

宇宙設計論論證

我們接下去要講的是宇宙設計論論證。大家都知道宇宙設計論論證：世界上的萬事萬物被創造成現在這個樣子乃是為了讓我們能在世界上生存，如果世界略有改變，我們就不可能在世界上生存。這就是宇宙設計論論證。它有時採取一種相當離奇古怪的形式。例如，它論證說，兔子長有白尾巴是為了使人容易射獵。我不知道兔子如何看待這一妙論。這是一種很容易被嘲弄性地仿效的論證。你們都記得伏爾泰的話，他說：鼻子被設計成現在這個樣子顯然是為了能架眼鏡。這種嘲弄性的仿效已經不再像 18 世紀時那樣離譜，因為自從達爾文的時代起，我們逐漸更加了解生物為甚麼能適應環境。不是環境被創造成適合於生物，而是生物逐漸適應了環境，這是適應性變化的基礎。沒有任何關於環境設計的根據。

當你着手研究這種宇宙設計論論證時，最令人驚訝的是，人們居然相信這個世界以及世界萬物，雖然有缺點，卻是全智全能的上帝在千百萬年中所能創造的最好的東西。我真的無法相信這一點。難道你認為，如果你被賦予全智全能，並且有千百萬年的時間來使你的世界臻於完善，你就創造不出比三 K 黨或法西斯更好的東西？再說，如果你承認科學的一般規律，你就得假定，這個行星上人類生命和一般生命最終都將絕滅：這是太陽系的衰亡過程中的一個階段；在衰亡的某個階段，你得到適合於原生質的溫度等等的那種條件，所以在整個太陽系存續期間，生命曾經在很短的一個時期存在。你在月球上可以看到地球正在朝之發展 —— 某種死寂、寒冷、無生命的東西。

有人對我說，這種觀點使人沮喪，而且人們有時也會告訴你，他們要是相信這種觀點的話，那就無法活下去了。不要相信這種觀點，那完全是胡說八道。實際上，誰也不會為幾百萬年後將要發生的事情擔憂萬分。即使他們認為自己為此而非常憂慮，實際上他們也是在欺騙自己。他們非常擔憂的是某件更加現實得多的事情，或者也許僅僅是消化不良；但實際上沒有一個人真的會因為想到幾百萬年後這個世界將要發生的某件事情而鬱鬱寡歡。因此，儘管認為生命將會滅絕當然是一種令人沮喪的觀點 —— 至少我認為我們可以這樣說，儘管有時當我思忖人們用生命所做的那些事情時，我認為這種觀點幾乎是一種安慰 —— 它還不至於使生活陷入悲慘的境地。它只是使你的注意力轉移到其他事情上。

神明道德論論證

我們現在到了我將稱之為有神論者在其論證中所已造成的那種理智傳承的另一階段，所以我們來看看所謂關於上帝存在的道德論論證。當然，我們都知道，關於上帝的存在，以前往往有三種理智論證，它們全都被伊曼紐爾‧康德（Immanuel Kant）在《純粹理性批判》(*Critique of Pure Reason*) 中駁倒了；但是他一駁倒這些論證，他就發明了一個新的論證，即道德論論證，這個論證使他深信不疑。像許多人一樣，他在理智方面敢於大膽懷疑，但是在道德方面卻盲目地相信他在孩提時期學到的箴言。這就說明了精神分析學家們常常強調的觀點：我們早期接觸的東西對我們的影響要比晚期接觸的東西大得多。

我認為，康德發明了一種新的、關於上帝存在的道德論論證，這種以不同形式出現的道德論論證在 19 世紀極其流行。它有各種各樣的形式。一種形式即認為：如果不存在上帝，那麼就沒有對錯可言。我目前不關心究竟有無對錯之別：那是另一個問題。我所關心的是：如果你完全相信有對錯之別，那麼你就處於這樣一種情形：對錯之別是否出自上帝的敕令？如果是的，那麼對上帝本身來說就沒有對錯之別，說上帝是好的也就不再是一個有意義的陳述了。如果你打算像神學家那樣說上帝是善的，那麼你就得說對錯具有某種與上帝的敕令無關的含義，因為上帝的敕令是好的而不是壞的與祂發佈敕令這個事實完全無關。如果你打算那樣說，那麼你就必須說，對錯的產生不僅僅是因為上帝，不過從根本上說，對錯在邏輯上先於上帝。當然，如果你願意的話，你可以說有一個至高無上的神，祂命令上帝創造這個世界，或者，你可以像某些諾斯替教徒（gnostic）那樣接受這樣一種說法：實際上，我們所知道的世界是魔鬼趁上帝疏忽之際創造出來的 —— 我常常認為，這是一種聽起來似乎非常合理的說法。關於那種說法，有許多話可說，但是我並不想駁斥它。

消除不公正論證

另外，關於道德論論證還有另一種很奇特的形式，那就是：他們說，為了產生公平正義，就需要上帝的存在。在這個宇宙我們所知道的這一部分中，存在着極大的不公平，好人常常受苦遭難，壞人常常飛黃騰達，關於這兩種情況，很難說哪一種更可惡；但是如果你打算令整個宇宙皆具有公平正義，那麼你就得假定一個來世以恢復人間今生的平衡。所以，他們說必定有個上帝，必定有天堂和地獄，以便最終可以有公平正義。那是一個非常奇特的論證。如果你用科學的觀點來看待這個問題，你就會說："畢竟，我只知道這個世界。我不知道宇宙的其餘部分。但只要人們完全能根據或然性來論證，人們就會說，這個世界可能是個有代表性的樣本，如果這裏有不公平，其他地方大概也有不公平。"假如你買了一箱橘子，打開後發現頂上的一層全壞了，你不會論證說："為了恢復平衡，下面的橘子一定是好的。"你會說："可能這批橘子全是壞的。"那實際上就是一個有科學頭腦的人在討論宇宙時會説的話。他會説："現在我們在這個世界上發現很多不公平,實際上那就是人們認為公平正義在世界上並不佔主導地位的原因;因此,實際上它提供了一個反對神明而不是贊成神明的道德論論證。"我當然知道,我向你們講述的這種理智的論證並不能真正打動人們的心弦。真正促使人們信仰上帝的根本就不是甚麼理智的論證。絕大多數人之所以信仰上帝,是因為他們從小就受這種教育,這是主要原因。

另外,我認為第二個最重要的原因是對於安全,亦即有一個老大哥會照顧你的這樣一種感覺的希冀。這對人們信仰上帝的慾望起了非常微妙的作用。

基督的品性

我常常認為,理性主義者對基督是不是最優秀、最有智慧的人這個問題論述得不太充分。現在我想就這個話題説幾句。一般人都認為,我們大家當然都會承認基督是最優秀、最有智慧的人。我本人卻不這麼認為。我認為在許多問題上我要比那些自稱為基督教徒的人更同意基督的觀點。我知道,我不能完全同意他的觀點,但是我所能同意他觀點的程度卻遠遠勝過那些自稱為基督教徒的人。你們可能還記得他曾説過:"不要與惡人作對。有人打你的右臉,連左臉也轉過來由他打。"[1] 這並不是甚麼新的箴言或新的原則。

1　見《聖經·馬太福音》第五章第三十九節。——譯者註

早在基督以前五六百年，老子和佛陀就已用過這樣的訓諭，但是實際上，基督教徒並沒有接受這種原則。例如，我確信現任首相 [2] 是一個非常虔誠的基督教徒，但是我不會勸你們任何一個人去打他的耳光。我想，你們會發現他認為《聖經》中的這句話只是個比喻。

我認為另外還有一點也說得非常好。你們可能還記得基督曾說過："你們不要論斷人，免得你們被論斷。" [3] 我認為，你們會發現，在基督教國家的法庭上，這一原則並不流行。我一生中認識過相當多非常虔誠的基督教徒法官，他們沒有一個人覺得他們自己的行為是違背基督教原則的。另外基督還說："有求你的，就給他；有向你借貸的，不可推辭。" [4] 這是一個很好的原則。

你們的主席提醒過你們，我們在這裏不要談政治，但我還是免不了要提一下在上次大選中所爭辯的問題：對向你借貸的人採取推辭的做法究竟有多大好處。因此，人們必然會假定，這個國家的自由黨黨員和保守黨黨員都是些不贊同基督教誨的人，因為他們在這種情況下肯定會毅然決然地推辭。

我認為，基督還有另外一條箴言，也很有意思。但是我發現，我們的某些基督教徒朋友卻不太喜歡這條箴言。基督

2　斯坦利・包爾溫（Stanley Baldwin）。——作者註
3　見《聖經・馬太福音》第七章第一節。——譯者註
4　見《聖經・馬太福音》第五章第四十二節。——譯者註

説："你若願意作完全人，可去變賣你所有的，分給窮人。"[5]
這是一條非常精當的箴言，但是，正像我所説的那樣，付諸
實行的人並不多。我認為，所有這些箴言都很不錯，儘管踐
行這些箴言有點難。我並不標榜自己要去踐行這些箴言，但
這與基督教徒不去踐行，畢竟有所不同。

基督教誨的缺點

　　承認了這些箴言的精當之處後，我還得談談以下幾點看
法：我不相信人們會承認福音書中所描述的那種基督的睿
智和至善；在這裏，我可以説，人們並不關心歷史問題。歷
史上究竟有無基督其人很值得懷疑。即使真有其人，我們
對他也一無所知。因此，我並不關心歷史問題，因為這是一
個很難弄清楚的問題。我關心的是出現在福音書中的基督，
照原樣接受福音書中的記敍，而且，人們在這些記敍中確實
發現了一些似乎不很明慧的事情。其中之一是，他確定無
疑地認為，在所有那時活着的人死亡之前，他的第二次降臨
人世會出現在絢爛的雲端。聖經中有許多文句證明這一點。
例如，他説："以色列的城邑，你們還沒有走遍，人子就到
了。"[6] 接着他又説："站在這裏的，有人在沒嘗死味以前，
必看見人子降臨在他的國裏。"[7] 還有許多地方也非常清楚地
表明，他相信他的第二次降臨會在當時還活着的許多人的有

5　見《聖經・馬太福音》第十九章第二十一節。—— 譯者註
6　見《聖經・馬太福音》第十章第二十三節。—— 譯者註
7　見《聖經・馬太福音》第十六章第二十八節。—— 譯者註

生之年裏發生。這是他早期信徒的信仰，也是他的許多道德教誨的基礎。當他說"不要為明天憂慮"[8]這類話時，這主要是因為，他認為第二次降臨是很快就要發生的事情，一切日常的俗事都算不了甚麼。事實上，我認識一些確實相信第二次降臨即將發生的基督教徒。我認識一位教區牧師，他告訴他的教徒，第二次降臨真的很快就要發生，這把他們嚇得夠嗆，但是當他們發現牧師在自己的園子裏栽樹時，他們感到非常欣慰。早期基督教徒的確非常相信這一點，他們絕不做在園子裏栽樹這種事情，因為他們確實從基督那裏接受了這樣一種信念：第二次降臨即將發生。在這方面，基督顯然並不像其他一些人那樣聰明，因此他肯定不是甚麼最大的智者。

道德問題

　　接下去講道德問題。我認為，在基督的道德品格中存在着一個非常嚴重的缺點，那就是他相信地獄。本人認為，真正非常仁慈的人不可能相信永罰。福音書中所描繪的基督確實相信永罰，人們多次發現基督對不願聽他傳道的那些人發出報復性狂怒 —— 這種態度在傳教士中並不少見，但它或多或少有損於基督完美無缺、無比優秀的形象。例如，你在蘇格拉底身上就看不到這種態度。你們可以看到，他對不願聽他教誨的人，總是非常溫文有禮；我認為，作為一個

8　見《聖經‧馬太福音》第六章第三十四節。 —— 譯者註

聖賢，採取溫文有禮的態度比採取憤怒的態度要適宜得多。你們可能還都記得蘇格拉底臨終時所說的那種話，以及他平時對與他看法不同的人所說的那種話吧。

你們會發現，在福音書中基督曾說："你們這些蛇類、毒蛇之種啊，怎能逃脫地獄的刑罰呢？"[9] 這是對那些不喜歡聽他傳道的人講的。依我看，其實這並不完全是最好的口氣，而關於地獄的描述也比比皆是。當然，也有為大家所熟悉的、關於褻瀆聖靈的罪惡的經文："唯獨說話干犯聖靈的，今世來世總不得赦免。"[10] 這句經文給世界帶來了多得難以說清的苦難，因為各種各樣的人都以為自己已犯了褻瀆聖靈的罪，並認為自己無論是今生還是來世都不能得到饒恕。實際上，我認為，一個生性適度仁慈的人，不會給世界增添這種畏懼和恐怖。

基督還說："人子要差遣使者，把一切叫人跌倒的和作惡的，從他國裏挑出來，丟在火爐裏，在那裏必要哀哭切齒了。"[11] 他後來還不斷地談到哀哭切齒。這種話語出現在一節又一節的經文中，因而讀者完全明白，思忖哀哭切齒有某種快感，否則這種話語就不會如此頻繁地出現。另外，你們當然都還記得關於綿羊和山羊的比喻。他在第二次降臨區分"綿羊"和"山羊"時，要對"山羊"說："你們這被咒

9　見《聖經・馬太福音》第二十三章第三十三節。——譯者註
10　見《聖經・馬太福音》第十二章第三十二節。——譯者註
11　見《聖經・馬太福音》第十三章第四十一至四十二節。——譯者註

詛的人，離開我，進入那為魔鬼和他的使者所預備的永火裏去！"[12] 他繼續説："這些人要往永刑裏去。"[13] 後來他又説："倘若你一隻手叫你跌倒，就把它砍下來；你缺了肢體進入永生，強如有兩隻手落到地獄，入那不滅的火裏去。在那裏，蟲是不死的，火是不滅的。"[14] 他還一再重複這一説法。我必須聲明，我認為，所有那種認為地獄火是對罪惡的懲罰的學説，都是殘忍的學説。正是這種學説給世界帶來殘忍，使世界世世代代遭受殘酷的折磨。福音書中的基督，如果你能夠相信他的傳記編寫者對於他的生平事跡的描述的話，那麼肯定會被認為對那種情況負有部分責任。

另外還有一些不太重要的事情。例如格拉森豬事件，讓鬼進入豬裏，從而使豬羣闖下山崖，投海而死，[15] 這對豬來説當然是不很仁慈的。你們一定還記得，基督是無所不能的，他能叫鬼徑直離開，但他卻願意讓它們進入豬裏。另外還有關於無花果樹的那個離奇的故事，我也一直百思不得其解。你們都還記得無花果樹的遭遇吧。"耶穌餓了。遠遠地看見一棵無花果樹，樹上有葉子，就往那裏去，或者在樹上可以找着甚麼。到了樹下，竟找不着甚麼，不過有葉子，因為不是收無花果的時候。耶穌就對樹説：'從今以後，永沒有人

12　見《聖經・馬太福音》第二十五章第四十一節。── 譯者註

13　見《聖經・馬太福音》第二十五章第四十六節。── 譯者註

14　見《聖經・馬可福音》第九章第四十三至四十四節及第四十八節。── 譯者註

15　見《聖經・路加福音》第八章第二十六節至三十九節。── 譯者註

吃你的果子。'……彼得……就對他說:'拉比,請看!你所咒詛的無花果樹已經枯乾了。'"[16] 這之所以是一個非常離奇的故事,是因為當時並不是結無花果的季節,實際上你不能責怪無花果樹。我本人覺得,無論從智慧上看還是從德行上看,基督都完全不可能像歷史上傳頌的其他某些人那樣高超。我想,在這些方面,我應當將佛陀和蘇格拉底置於他之上。

情感因素

正像我在前面說過的那樣,我認為,人們接受宗教的真實原因同論證根本沒有甚麼關係。他們接受宗教是由於情感的原因。人們常被告語:攻擊宗教是一件非常錯誤的事情,因為宗教使人們變得有德性。有人這樣對我說,我沒有理睬。當然,你們都知道塞繆爾・巴特勒(Samuel Butler)的《重遊埃瑞洪》(*Erewhon Revisited*)[17] 中對這種論點的嘲諷。你們可能還記得,在《埃瑞洪》中有一個姓希格斯的人,[18] 他來到一個遙遠的國度。他在那裏度過了一段時間後,乘輕氣球逃離了那個國家。二十年後,他又回到那個國家,

---

16 見《聖經・馬可福音》第十一章第十二至十四節及第二十一節。—— 譯者註

17 埃瑞洪(Erewhon)是 nowhere 一詞的倒拼,意為烏托邦。—— 譯者註

18 塞繆爾・巴特勒在《重遊埃瑞洪》中虛構了一個與 20 世紀英國物理學家彼得・希格斯(Peter Higgs)同姓的人物。彼得・希格斯以提出後來人們以其姓氏命名的"希格斯粒子"這一物理學假設而著稱。—— 譯者註

發現那裏出現了一種新的宗教，該宗教把他當作"太陽之子"加以崇拜，並說他已經升天。他發現紀念他升天的節日即將來臨，他聽到漢基和潘基[19]兩位教授在交談，說他們從未見過希格斯這個人，而且他們希望永遠也不會見到他；但他們是"太陽之子"教的大祭司。希格斯非常憤怒，他走到這兩個人面前對他們說："我要揭穿所有這些騙人的鬼話，我要告訴埃瑞洪人民，我不過是凡人希格斯，我是乘輕氣球騰空而去的。"別人卻對他說："你可不能這樣做，因為這個國家的所有道德準則都與這一神話聯繫在一起，他們一旦知道你並沒有升天，便都會變得邪惡。"結果，他相信了那番話，悄悄地走了。

　　這意思就是說，我們如果不信仰基督教，就都會變得邪惡。我倒似乎覺得，信仰基督教的人大多數都極其邪惡。你們可以發現這樣一個離奇的事實：任何一個時期，宗教信仰愈是狂熱，對教義愈是迷信，殘酷的行為就愈是猖獗，事態就愈是糟糕。在所謂的信仰時代，當人們真心誠意地信仰完美無缺的基督教的時候，就出現了宗教裁判所及其酷刑，就有數百萬不幸的婦女被當作女巫燒死，就有以宗教的名義對各階層人民實施的各種各樣的殘酷迫害。

　　環顧世界，你就會發現，人類感情的每一點進步、刑法的每一次改進、減少戰爭的每一個步驟、改善有色人種待

---

19 漢基（Hanky）和潘基（Panky）是英語 "hanky" 和 "panky" 一詞的音譯，該詞意思為 "陰謀詭計" 或 "無聊的言行"。——譯者註

遇的每一個步驟、奴役的每一次減輕、世界上道德的每一個進步，都曾一直遭到有組織的教會的反對。我可以很慎重地說，基督教作為有組織的教會，不但從前一直是，而且現在仍然還是世界道德進步的主要敵人。

教會是如何阻礙進步的

我說現在教會仍然在阻礙世界道德的進步，你也許會認為我言過其實。我並不認為自己言過其實。就以一個事實為例，請你們原諒我提到這一事實，這不是一個令人愉快的事實，但是教會使人們不得不提到那些令人不快的事實。假定在我們今天居住的世界上，有一個天真幼稚的姑娘嫁給了一個梅毒患者，既然如此，天主教會便說："這是一個不能撤銷的神聖誓約。你們必須共同生活一輩子。"而且這個婦女還不能採取任何措施防止生育患梅毒的嬰兒。這是天主教會的說法。我認為，這是極其殘忍的事情，任何人，只要他出乎本性的同情心還沒有被教義所扭曲，或者說，只要他的道德天性對所有苦難的感覺還沒有完全麻木，都不可能斷言認為那種事態應該延續下去的主張是正確得當的。

那還只是個例子。現在，教會仍然有許多辦法，堅持它所喜歡稱之為道德的東西，使各階層人民遭受本不該遭受和不必要的痛苦。當然，正像我們所知道的那樣，它基本上仍然反對減輕世界上痛苦的那種全方位的進步和改良，因為它喜歡把某套與人類幸福毫無關係的、狹隘的行為準則稱為道德；如果你說應當做這做那，因為它有利於人類幸福，那麼，他們則認為，那與問題完全無關。"人類幸福與道德有甚麼關係呢？道德的目的並不是使人們幸福。"

恐懼是宗教的基礎

我認為，宗教基本上主要是以恐懼為基礎的。它部分是對未知事物的害怕，部分是像我已經說過的那樣，對於當你遇到各種困難和紛爭時會有一個老大哥來幫助你這種感覺的希冀。恐懼是整個東西的基礎——對神秘事物的恐懼、對失敗的恐懼、對死亡的恐懼。恐懼是殘忍之源，因此，殘忍和宗教攜手並進也就不足為奇了。這是因為恐懼是以這兩個東西為基礎的。在這個世界上，我們現在已經能夠開始借助於科學——科學在同基督教的鬥爭中，在同教會的鬥爭中，不顧違背一切古老的箴言，一步一步地向前推進——了解一點兒東西，掌握一點兒東西了。科學能夠幫助我們戰勝人類世世代代一直生活於其中的、怯懦的恐懼。科學能夠使我們懂得，而且我們捫心自問也能得知：再也不要到處去尋求想像中的幫助，再也不要幻想天上的救星，而寧可依靠我們自己在塵世間的努力，把這個世界改造成適合生活的地方，而不是多少世紀以來教會一直在使之成為的那種地方。

我們應該做些甚麼

我們應該自立，客觀公正地觀察世界——它的好的事實、它的壞的事實、它的美和它的醜；按照世界的本來面目去考察世界，而不是害怕世界。用智慧征服世界，而不是一味奴隸般地懾服於世界。關於上帝的整個觀念來源於古代東方的專制主義。這是一種自由人所完全不應有的觀念。當你聽見人們在教堂裏自我貶斥，說他們是卑劣的罪人以及其他諸如此類的話時，你就會感到這似乎是可鄙的，是跟有自尊心的人不相稱的。我們應當站起來，坦率地正視世界。我們應當盡己所能將世界變得美好，假如變得並不像我們所希冀的那麼好，那它畢竟還是比過去歷代其他人所做的要好些。美好的世界需要知識、仁慈和勇敢；它不需要追悔和對往昔的懷戀，或者說，不需要用很久以前無知的人說過的話來禁錮自由的才智。它需要對未來的憧憬，而不是對早已消逝的過去沒完沒了地回顧。我們深信，我們的才智所能創造的未來將遠遠勝過早已消逝的過去。

第二章

宗教對文明作出過有用的貢獻嗎？[1]

我個人關於宗教的觀點就是盧克萊修（Titus Lucretius Carus）[2] 的觀點。我認為宗教是由恐懼而生的病症，是人類難以言説的苦難的根源。不過，我不能否認宗教對文明作出過某些貢獻。它曾在古代幫助制定曆法；它使埃及的祭司如此仔細地記錄日食和月食，以至最終他們能對日食和月食作出預報。這兩項功績我是願意承認的，但是還有甚麼其他貢獻我就不知道了。

"宗教"一詞現今被用得非常不嚴謹。有些人在偏激的新教影響下，用這個詞指稱任何關於道德或宇宙性質的、嚴肅的個人信念，這種用法完全不符合歷史事實。宗教首先是種社會現象。教會也許把自己的起源歸功於具有強烈個人信念的導師，但是這些導師對自己創建的教會很少有大的影響，而教會對它們生存並活躍於其中的社會卻有極大的影響。就拿西方文明社會中人們最感興趣的一件事來說：福音書中的基督教誨幾乎與基督教徒的倫理觀完全無關。從社會和歷史的觀點來看，基督教最重要的東西不是基督，

1　最初發表於 1930 年。——作者註
2　盧克萊修（Titus Lucretius Carus，公元前約 99—公元前約 55），古羅馬詩人，唯物主義哲學家。——譯者註

而是教會。所以如果我們要評價作為一種社會勢力的基督教，我們不可以從福音書中找材料。基督教誨說：你們應該把自己的財產分給窮人[3]；你們不應該爭鬥[4]；你們不應該去教堂[5]；你們不應該懲罰淫行[6]。在這些方面，無論是天主教徒還是新教徒，都沒有表現出要遵循他的教誨的強烈意願。的確，有些方濟各會修士曾企圖傳佈使徒貧窮的教義，但是教皇譴責他們，他們的教義被宣告為異端。或者，再考慮一下諸如“你們不要論斷人，免得你們被論斷”[7]這種經文，並且問自己：這種經文對宗教裁判所和三K黨究竟有甚麼影響。

基督教如此，佛教也不例外。佛陀和藹開明；他臨終時還嘲笑他的門徒認為他是不死的。但是，佛教的法師卻主張愚民政策，而且專橫跋扈，極其殘忍——例如，在西藏就存在這種情況。

關於教會與其創建者之間的這種差異都不是偶然的。只要某個人的言論被認為含有絕對真理，馬上就有一幫專家來解釋他的言論，而且因為這些專家掌握着通向真理的鑰匙，他們肯定能得到權力。他們也像其他任何特權階級一樣，利用手中的權力謀求一己私利。但是，從某種意義上說，他們比其他任何特權階級更可鄙，因為他們壟斷了對永恆不變

3　見《聖經·馬太福音》第十九章第二十一節。——譯者註

4　見《聖經·馬太福音》第五章第三十九節至四十一節。——譯者註

5　見《聖經·馬太福音》第六章第五至六節。——譯者註

6　見《聖經·約翰福音》第八章第一至十一節。——譯者註

7　見《聖經·馬太福音》第七章第一節。——譯者註

的真理的詮釋權，而這種所謂的真理一旦得到完美的表達後，必然成為知識和道德進步的障礙。教會曾反對伽利略和達爾文；如今它又反對佛洛依德。教會在其權勢如日中天的時代，更加激烈地反對理智生活。教皇額我略一世（Pope Gregory the Great）曾在給某個主教寫了一封信，信的開頭寫道："我們收到了一份我們在提到它時不能不感到羞愧的報告，說你給某些朋友講解語法。"這位主教迫於教皇的權威，只好停止這種邪惡的工作，而拉丁語研究在文藝復興以前也就一蹶不振。宗教不僅在理智上而且在道德上也有害。我這樣說是指宗教傳授並不能增進人類幸福的道德準則。幾年前，德國進行公民投票以決定是否應該讓已被廢黜的皇室繼續享用其私人財產，當時德國教會就正式宣佈，剝奪這些皇室的私人財產是違背基督教教義的。眾所周知，教會過去，只要它們有膽量，便反對廢除奴隸制；現在，除少數大肆宣揚的事例以外，它們又反對每一旨在經濟公平的運動。教皇就曾正式譴責過社會主義。

基督教與性

然而，基督教最壞的特點是它對性的態度——這種態度是如此病態和如此反自然，以至於只有將這種態度與羅馬帝國逐漸衰敗時文明世界的弊病聯繫在一起，才能理解這種態度。我們時常聽到有人說，大意是，基督教改善了婦女的地位。這是對歷史所能做的最卑劣的歪曲之一。婦女在一個她們被認為最重要是不應當違反非常苛嚴的道德準則的社會裏，不可能享有還説得過去的地位。修道士總是首先把婦女看作是禍水，認為婦女大多數是淫慾的激發者。教會的教義過去一直是，而且現在仍然是：童貞是最好的；但對於那些覺得這是不可能的人來説，結婚也是可允許的。按聖保羅蠻橫的説法："與其慾火攻心，倒不如嫁娶為妙。"[8] 教會通過不准離婚，和撲滅一切關於"愛的藝術"的知識，盡己所能地確保它所允許的這種唯一的性形式含有很少快樂和很多痛苦。實際上，反對節育也有同樣的動機：如果一個婦女每年生一個孩子，直到精疲力竭地死去，那麼人們就不會認為她會從婚姻生活中得到許多快樂；因此必須阻止節育。

　　和基督教道德觀有密切關係的罪孽概念，是個造成特別大的危害的概念，因為它為人們提供了發泄他們相信是合法的，甚至是高尚的施虐狂熱的機會。比如，就拿預防梅毒這個問題來説。誰都知道，只要事先採取預防措施，得這種病的危險可以變得很小。然而，基督教徒卻反對傳播關於這一事實的知識，因為他們認為罪人受到懲罰是應該的。他們認為這是非常合理的，所以他們甚至希望把懲罰的範圍擴大到罪人的妻子和兒女。當今，世界上有成千上萬的兒童患先天性梅毒，要不是基督教徒希望看到罪人受懲罰，他們就絕不會出生。我無法理解，導致這種惡魔般殘忍的教條，怎麼能夠被認為會對道德產生任何好的作用。

　　不僅基督教徒對性行為的態度，而且基督教徒對有關性

8　見《聖經・哥林多前書》第七章第九節。——譯者註

方面知識的態度，也危及人類的福祉。凡是以不偏不倚的態度不怕麻煩地研究過這個問題的人都知道，正統的基督教徒企圖將性方面人為的無知強加於青年身上，對於青年的身心健康是極其危險的，並且使那些像大多數兒童一樣通過"不正當的"談話的方法獲得知識的人，產生性本身就是下流和可笑的看法。

我認為不可能有甚麼理由可以為那種認為知識總是不合需要的觀點作辯護。我可不會在任何年齡的人獲得知識的道路上設置障礙。但是在性知識的特殊情況下，贊成獲得該知識的論據比大多數其他知識有力得多。一個人在無知的時候明智行事的可能性要比受過教育以後明智行事的可能性小得多；因為年輕人對重要的事情有天生的好奇心，就給他們一種罪惡感，這是荒謬的。

每個男孩對火車都很感興趣。假定我們告訴他說，對火車感興趣是邪惡的；假定每當他坐火車或進火車站，我們就用布帶蒙住他的眼睛；假定我們在他面前絕不提"火車"這個詞，保留關於把他從一地運到另一地的這種工具的不可探知的神秘性。結果不會是他不再對火車感興趣；相反，他會比以往任何時候都感興趣，但是因為有人對他說這種興趣是不正當的，所以他會有一種病態的罪惡感。每個思想活躍的男孩都會因此被搞得多少有點神經衰弱。在性方面，人們就是這樣做的；不過，由於性比火車更有意思，結果就更糟。在基督教社羣裏，由於青年男女有性知識方面的禁忌，所以，幾乎每個成年人多少都有些神經不正常。而這樣人為灌輸的罪惡感，是晚年殘忍、怯懦和愚鈍的原因之一。無論是關於性還是關於其他任何事情，我們都沒有任何一種合理的理由使兒童對他也許想要知道的任何事物保持無知。在早期教育仍未承認這一事實之前，我們絕不可能造就心智健全的全體國民，只要教會還能控制教育政策，就不可能做到這一點。

我們現在把這些比較詳細的反對意見放在一邊，在基督教的基本教義能被人們接受之前，它們顯然需要大量倫理上的歪曲。我們被告知，世界是由善良而又萬能的上帝創造的。上帝在創造世界之前就已預見到世界所包含的所有痛苦和不幸；因此，祂就要對這一切負責。爭辯説世界上的苦難是由於罪孽的緣故，是沒用的。首先，這不是真的；使河水氾濫或火山噴發的並不是罪孽。但是即便這是真的，那也沒有關係。如果我明明知道自己的孩子將來會成為殺人瘋子還是打算把他生出來，那麼我就應當為他的罪行承擔責任。如果上帝事先就知道人類將要犯的罪行，那麼當祂決定創造人類時，祂顯然要對這些罪行的一切後果負責。基督教徒通常的論點是：在世界上受苦受難是滌罪，因此是件好事。當然，這一論點只是將施虐狂合理化；但是，不管怎麼説，這個論點的理據非常不充足。我要邀請一位基督教徒陪我到醫院的兒童病房走一趟，看看那裏孩子正在忍受的苦難，然後固執地斷言：這些孩子的道德是如此墮落，以至於他們應當遭受這樣的苦難。一個人，為了使自己説出這番話，就必須摧毀自己身上一切慈悲和憐憫的感情。總之，他必須使自己像他所信仰的上帝一樣殘忍。凡是相信在這個世界上一切的受苦受難皆是出於好意的人，都不可能使自己的道德價值不受損害，因為他總是不得不為苦難和不幸尋找藉口。

反對宗教的意見

反對宗教的意見有兩種——理智上的和道德上的。理智上的反對意見是：沒有理由認為任何宗教是真實的。道德上的反對意見是：宗教戒律起始於一個人們比現在更加殘忍的時代，因此它們傾向於使種種殘忍行為永久存在，要不然，就會隨着時代道德心的發展而拋棄掉這種殘忍行為。

先談談理智上的反對意見。在我們這個講求實際的時代，有一種傾向認為宗教教義是否真實這一點無關緊要，因為重要的問題在於它是否有用。然而，一個問題，要是沒有另一個問題，就不可能得到很好的解決。如果我們信仰基督教，那麼，我們關於甚麼是好的觀念就會不同於我們不信基督教時的看法。因此，基督教的影響在基督教徒看來可能是好的，而在不信基督教者看來卻可能是壞的。另外，那種認為不管是否有支持某一主張的證據，都應當相信這個主張的態度，這種態度將令我們對證據產生敵意，並使我們在思想上拒絕接受每一不符合我們偏見的事實。

某種科學的公正是一種非常重要的品質；如果一個人認為有那麼一些事物，相信它們乃是他的責任，那麼，他就很難具有這種品質。因此，要是不調查研究宗教是否真實這個問題，我們就不可能對宗教所作所為的好壞作出真正的判定。對於基督教徒、伊斯蘭教徒和猶太教徒來説，有關宗教真實性的最基本問題是上帝的存在。在宗教仍然因勝利而歡欣鼓舞的日子裏，"上帝"一詞具有非常明確的含義；但是由於理性主義者的攻擊，這個詞變得愈來愈空洞，直到最後，當人們宣稱自己信仰上帝的時候，別人竟很難知道他們所説的話是甚麼意思。為了論證，讓我們以馬修・安諾德（Matthew Arnold）[9] 的定義為例：(上帝是)"一種不屬於我們自己而且傾向於正義的力量。"我們也許可以把這層意思表述得甚至更加含糊，並且問自己，我們是否有甚麼證據可以證明，除了這個星球表面上生物的意志之外，宇宙中還有其他的意志。

　　信仰宗教的人在這方面通常的論點大致如下："我和我的朋友都是有驚人的才智和美德的人。這麼了不起的才智和美德竟然能偶然產生，簡直難以想像。因此，必然有個至少和我們一樣有才智和美德的人，他為了製造我們而開動了宇宙機器。"很遺憾，我並不像使用這個論點的那些人那樣覺得這個論點很感人。宇宙浩瀚無窮，如果我們必須相信愛丁頓（Arthur Stanley Eddington）[10] 所言，那麼，宇宙中很可能沒有其他任何地方會有像人這樣聰明的生物。如果你想

9　馬修・安諾德 (1822-1888)，英國維多利亞時代詩人、文學和社會評論家。——譯者註

10　亞瑟・愛丁頓 (1882-1944)，英國天文學家、物理學家和數學家。——譯者註

想世界上物質的總量，再把它與構成智慧生命的物質數量作一比較，你就會發現後者相對前者而言，只是微不足道的一小部分。所以，即使機會定律不大可能隨意選擇某些原子來構成智慧生命的有機物，但在廣闊的宇宙中還是有可能找到與我們類似的生命。而且，我們被認為是這種宏大進程的頂點，其實我們似乎並不是非常神奇。當然，我知道，許多神靈比我偉大得多，我不完全懂得如何欣賞超越我自身的那種偉大。不過，即使作出了這番讓步，我還是不得不認為，永遠在操作着的全能上帝本來可以造出一些更好的東西來。而且我們還必須考慮到，甚至這種結果也只是曇花一現罷了。地球不會永遠適合於居住；人類會消亡，如果宇宙進程此後還要證明自己是有道理的，那麼，除了我們這個星球的表面之外，它在其他地方也得這麼做。即使可能出現這種情況，宇宙進程也必然遲早會停止。熱力學第二定律幾乎無可置疑地證明宇宙在逐漸衰退，最終一切都會不復存在。當然，我們也可以說，到那時上帝會再次開動這台機器；但是，如果我們的確這樣說，那麼，我們說這句話的根據只能是信仰，而完全不是科學證據。就科學證據所已證明的來說，宇宙已經過若干緩慢的階段，在這個地球上慢慢地走向有點可憐的結局，並且將要經過若干更為可憐的階段，慢慢地走向普遍死滅的境地。如果把這當作是有甚麼目的的證據，那麼，我只能說，這種目的並不能引起我的興趣。因此，我看不出有甚麼理由信仰任何一種上帝，不管祂是多麼含糊，多麼瘦弱。我把陳舊的形而上學（metaphysics）[11] 的論證放在一邊，因為宗教的辯護者自己已經拋棄了這些論證。

靈魂與不朽

　　基督教對於個人靈魂的強調，對基督教社羣的道德一直有深遠的影響。這是一種基本上與斯多葛派學説（Stoics）相似的教義，它們都產生於不能再抱政治希望的社羣。精力旺盛而又品行端正的人懷有自然衝動，是試圖做好事，但如果剝奪他所有的政治權力和影響事情的一切機會，那麼，他就會偏離常軌，就會斷定重要的事是做好人。早期基督教徒的情況就是如此；這就導致了個人的聖潔完全不依賴於其善行這一概念，因為聖潔必須是某種沒有行為能力的人也能達到的東西。因此，社會公德開始被排斥在基督教道德之外。到今天，保守的基督教徒仍然認為姦夫比受賄的政客更邪惡，儘管後者的危害也許要大一千倍。正像我們在他們的圖畫中所看到的，中世紀關於美德的概念有一點空洞無聊、軟弱無力、多愁善感。道德最高尚的人是離羣索居者；只有那些像聖路易那樣把其臣民的生命和財產耗費在對土耳其人的戰爭中的實幹家，才被認為是聖徒。教會絕不會因為某人改革財政、刑法或司法而認為他是聖徒。這種僅僅有益於人類福利的貢獻會被認為是無關緊要的。我相信，在整

---

11 形而上學是傳統的哲學分支之一，旨在解釋存在和世界的基本性質，通過理性的推理和邏輯去研究不能直接透過感知而得到答案的問題。——編者註

個聖徒名錄中沒有一個是因為從事公用事業而躋身聖徒之列的。隨着人類的社會性與道德性之分離，靈魂與肉體的分離也愈演愈烈，這種現象還殘存在基督教的形而上學和源出於笛卡爾的體系中。一般說來，人們可以說肉體代表一個人社會的和公眾的方面，而靈魂則代表一個人私人的方面。基督教道德強調靈魂，同時也使它自己成了地地道道個人主義的道德。我認為，基督教經歷了所有這些世紀之後的最終結果顯然是，使人們變得比原本自然使之成為的更自私，更自閉；因令人自然地擺脫自我束縛的，乃是性、生育、愛國主義或羣居本能的那些衝動。對於性，教會不擇手段地加以譴責和貶低；家庭感情受到基督本人和他大多數弟子的堅決反對；愛國主義在羅馬帝國的臣民中根本沒有地位。福音書中反對家庭的言論，一直沒有得到應有的注意。教會對於基督的母親是尊敬的，但是基督本人卻幾乎沒有表現出這種態度。"母親（原文作"婦人"），我與你有甚麼相干？"（《約翰福音》第二章第四節）這就是他對他母親說話的口氣。他還說：他來是為了叫人與父親生疏，女兒與母親生疏，媳婦與婆婆生疏；愛父母過於愛他的人，不配做他的門徒（《馬太福音》第十章第三十五至三十七節）。這一切都意味着為了信念就要打破生物學上的家庭關係──這種態度與隨着基督教的傳播而問世的不容異說有很大關係。

　　個人主義在個人靈魂不朽的教義中達到了頂點，個人靈魂根據情況，有的在來世長享福樂，有的在來世永受苦難。決定這種重大差別的情況，有點稀奇古怪。例如，你臨死前牧師一邊口中念念有詞，一邊灑些水在你身上，你死後便永享福樂；相反，如果你雖然在漫長的一生中為人正直，道德高尚，但因為你弄斷靴帶而口出惡語的時候碰巧被雷打死，你死後就會永遠受苦。我並不認為近代新教徒相信這一教義，也許甚至沒有受過充分神學教育的近代天主教徒也不會相信這一教義；但是我的確認為這是正統的教義，而且在近代之前曾一直為人們所堅信。墨西哥和秘魯的西班牙人過去經常給印第安嬰兒施洗禮，然後當場把嬰兒撞得腦漿迸裂：他們用這種方法保證這些嬰兒都升入天堂。沒有哪個正統的基督教徒能找出合乎邏輯的理由來譴責他們的行為，儘管現在大家都譴責這種做法。基督教的個人靈魂不朽的教義已經在無數方面對道德產生了災難性的影響；形而上學地割裂靈魂與肉體，也對哲學產生了災難性的影響。

不容異說的起源

　　隨着基督教的出現而遍及全球的不容異說，是基督教最奇怪的特徵之一，我認為這是由於猶太人相信正義，相信只有猶太人的上帝才真正存在而造成的。我不知道，猶太人為甚麼會有這些古怪的想法。他們好像是在淪為俘虜時，為了反抗外族同化的企圖而產生了這些想法的。不管出於甚麼原因，猶太人，尤其是先知，產生了強調個人正義的想法和容忍猶太教以外的任何宗教都是邪惡的觀念。這兩種觀念對西方歷史產生了極具災難性的影響。教會不斷地渲染君士坦丁時代以前羅馬政權對基督教徒的迫害。但是，這種迫害是輕微的、斷斷續續的，而且完全是政治性的。從君士坦丁時代起一直到 17 世紀末，基督教徒始終受另外一些基督教徒的迫害，這種迫害比羅馬皇帝任何時候的迫害都要殘酷得多。在基督教崛起以前，除了猶太人以外，古代世界對於這種迫害態度還是一無所知。你如果讀過例如希羅多德的著作，就會看到他對自己遊歷過的異邦風土人情所作的那種溫和寬容的描述。的確，有時他也會對某種特殊的野蠻風俗感到震驚，不過，一般說來，他對異國的神靈和風俗都是友善的。他並不急於證明，用其他名稱稱呼宙斯的人民將遭永劫，並且為了儘快展開對他們的懲罰，應該置他們於死地。只有基督教徒才會採取這種態度。誠然，現代的基督教徒不那麼粗暴了，但這並不是基督教的功勞，而是從文藝復興時代到今天歷代自由思想家的功勞，是他們使基督教徒對自己許多傳統信仰感到羞愧。聽到現代基督教徒告訴你說，基督教實際上有多溫和，有多理性主義，這是很可笑的，他們無視這樣一個事實：基督教所有的溫和與理性主義都應當歸功於那些曾在他們自己的時代受所有正統基督教徒迫害的人士。現今已經沒有人相信世界是公元前 4004 年創造的；但是在不太久以前，懷疑這一點還被認為是一種可惡的罪行。我的高祖在觀察埃特納火山斜坡熔岩的厚度之後，得出了地球的形成時間肯定比正統基督教徒所假定的要早的結論，並在一本書中發表了這一看法。他因為這種冒犯的行為而受到郡政府的制裁和社會的冷落。假如他是個地位比較卑微的人，毫無疑問對他的懲罰會更加嚴厲。正統基督教徒現在不再相信他們一百五十年以前相信的那些謬說，對他們來說，這並不是甚麼光彩的事情。儘管教會作了最有力的抵抗，基督教教義還是逐漸失勢了，這完全是自由思想家猛烈進攻的結果。

自由意志説

基督教徒對待自然法則的態度，一直是出奇地搖擺不定。一方面，絕大多數基督教徒所相信的自由意志説，要求人類的行為至少不應受自然法則的支配。另一方面，特別是在 18、19 世紀，有一種相信上帝是法則制訂者和相信自然法則是證明創世主存在的主要證據之一的信仰。在近代，人們為了自由意志而反對法則統治，這種反對開始比反對自然法則（作為法則制訂者存在的證據）這一信仰更為強烈。唯物主義者用物理學的定律證明，或者試圖證明，人體的運動從力學上説是早已註定了的，因此，我們所説的每件事情，我們所造成的每一位置的變化，全都不可能屬於自我意志的範圍。如果真是那樣，那麼，凡是讓我們意志不受拘束的東西，就都沒有甚麼價值了。如果當一個人寫詩或殺人時，與其行為相關的軀體運動完全是由身體原因引起的，那麼，在一種情況下為他立一尊雕像，而在另一種情況下卻把他絞死，似乎很荒謬。在某些形而上學體系中，可能還保留着一個純粹思維的領域，在這個領域中意志往往是自由的；但是由於意志只能用軀體運動傳遞給其他人，自由王國大概絕不可能是傳遞的物件，絕不可能有任何重要的社會意義。

　　另外，進化論對於已接受進化論觀點的那些基督教徒產生了相當大的影響。他們已經看到，為人類獨設一套異於其他生命形態的理論，並不能解決問題。因此，為了捍衛人的自由意志，他們反對任何想用物理學和化學的定律解釋生物行為的做法。笛卡爾提出過一個觀點，大意是所有低等動物都是自動體，這種觀點現已不再受到開明的神學家的青睞。延續說使他們傾向於再前進一步，認為甚至所謂的無生命物質，其運動也不是嚴格地受不可改變的法則支配。他們似乎忽略了這樣一個事實：如果你取消法則的支配，你也就取消了奇跡的可能性，因為奇跡是上帝的行動，它們違背支配着普遍現象的各種法則。但是，我能想像現代開明神學家故弄玄虛地斷言一切創造都是不可思議的，因此他不再需要選擇某些事件作為上帝干預的特殊證據。

　　在對自然法則的這種反作用影響下，有些為基督教辯護的人利用了最新的原子學說，這種學說傾向於表明，我們迄今為止所相信的物理學定律，在應用於大量的原子時，只有近似的和平均數值的正確性，而個體電子的運動卻幾乎是隨意的。我個人認為這種情況是暫時的，儘管支配微觀現象的法則可能與傳統物理學定律大相徑庭，物理學家還是會及時發現這些支配微觀現象的法則的。不管這些法則會是甚麼樣子，值得注意的是關於微觀現象的現代學說與任何具有重大實踐意義的事情無關。可見的運動，以及實際上對任何人有任何影響的一切運動，它們所牽涉的原子數量如此之大，以至它們完全進入了舊法則的範圍。要寫詩或殺人（又回到我們在前面提到的例證上來），那就必須改變一定數量的墨水或鉛的位置。構成墨水的電子可能是在自由地圍繞着它們小小的舞場翩翩起舞，但作為一個整體的舞場卻是按照物理學舊定律運動的，而這才是唯一與詩人和他的出版商有關的。因此，現代的學説與神學家所關注的那些有關人類利益的問題並沒有甚麼明顯的關係。

　　所以，自由意志問題仍然只是停留在原來狀態上。不管人們對自由意志作為形而上學最終的問題會有甚麼想法，以下這一點是非常清楚的：實際上沒有人相信自由意志。大家始終相信，性格是可以培養的；大家始終知道，酒精或鴉片會對行為產生一定的影響。自由意志的鼓吹者堅持認為，人能用意志力避免酗酒；但他並不堅持認為，一個人在喝醉時能像未醉時一樣口齒清楚地説出“英國憲法”這個詞。凡是同孩子打過交道的人都知道，適當的食物比世界上最動聽的説教更能令他們變得善良正直。自由意志學説實際上產生一種影響，是阻止人們徹底探究這種常識性的知識直至得出合理的結論。當一個人做了使我們惱火的事時，我們寧願認為他是邪惡的，卻不願正視這樣一個事實：他這種討厭的行為是前因之果，如果你足夠久遠地追溯這些前因，它們就會把你帶到他出生之前，因此，就會把你帶到無論怎樣想像都不可能認為他應對此負責的那些事情上。

　　沒有人會愚蠢地把汽車當人對待。當汽車不能行駛時，誰也不會把這令人討厭的情況歸之於罪惡；誰也不會説：“你是邪惡的汽車，你不走我就不再給你汽油。”人們會想方設法找出毛病，把它修好。但是，用類似的方法對待人，就會被認為是違反我們神聖宗教的真理，而這種方法卻用在對待小孩方面。許多孩子都有因懲罰而長存的惡習，但是這些惡習，如果對之不聞不問，也許會自行消失。然而，除了極少數的例外，保姆們認為予以懲罰是對的，儘管她們這樣做，要冒引起精神錯亂的危險。即使引起了精神錯亂，那也會在法庭上被援引來證明惡習的害處，而不是懲罰的害處（我是在暗指紐約州內最近對一起猥褻事件的起訴）。

對於精神錯亂者和弱智兒童的研究，已引起大規模的教育改革，因為他們並沒有被認為應對自己的失敗負道義上的責任，因此受到了比正常兒童更科學的對待。不久前人們還認為，如果一個男孩不能吸取教訓，恰當的矯正法就是棒打鞭抽。這種觀點在對待兒童方面已經差不多絕跡了，但是在刑法上卻依然存在。顯然，有犯罪傾向的人必須受到制止，但是，一個要咬人的狂犬病患者同樣也必須受到制止，儘管沒有人認為他應負道義上的責任。一個染上瘟疫的人，儘管沒有人認為他是邪惡的，也必須被監禁到治癒為止。對於一個受犯偽造罪傾向折磨的人來說，也應當做同樣的事情；但是，不應該認為有一種情況比另一種情況更為有罪。這只是常識，儘管這是一種基督教道德和形而上學所反對的常識。

我們要評判任何機構對社羣的道德影響，就得考慮機構所蘊涵的那種衝動，以及機構在那個社羣中增進衝動功效的程度。有關的衝動有時非常明顯，有時卻比較隱晦。例如，

阿爾卑斯山俱樂部顯然蘊涵冒險的衝動，一個學會蘊涵求知
的衝動。家庭作為一個機構，蘊涵忌妒和父母之情；一個
足球俱樂部或政黨蘊涵嚮往競爭性遊戲的衝動；而兩大社
會機構 —— 即教會和政府 —— 的心理動機則更加複雜。政
府的首要目的顯然是確保不受內部罪犯和外部敵人的侵擾。
這起源於兒童受驚時傾向擠作一團和尋找給他們安全感的
成年人。教會的起源更複雜。毫無疑問，宗教最重要的根
源是恐懼；這在今天還能看到，因為凡是引起驚恐的東西
很容易使人們想到上帝。戰爭、瘟疫、海難都很容易使人
們相信宗教。不過，除了恐懼的訴求以外，宗教還有其他的
訴求；它尤其訴諸我們人類的自尊。如果基督教是正確的，
那麼，人類就不再像他們所以為的那種可憐蟲；宇宙的造物
主對他們感興趣，祂不厭其煩地為他們行為良好而喜，為他
們行為惡劣而怒。這是一種偉大的讚賞。我們可不會想去
研究螞蟻的巢穴以查明哪些螞蟻履行了螞蟻的職責，當然我
們也不會想去把那些疏忽職守的螞蟻挑出來丟到火裏燒死。
如果上帝為我們做這件事情，那是對我們重要性的讚賞；
如果祂給予我們之中的好人在天堂中永享快樂的獎勵，那
是更令人愉快的讚賞。另外還有這樣一種比較現代的觀念：
宇宙的進化完全是為了造成我們稱之為好的那種結果 ——
也就是說，完全是為了造成給我們帶來快樂的那種結果。然
而，認為操縱宇宙的上帝也有與我們一樣的愛好和成見，則
是奉承。

正義觀念

宗教中所蘊涵的第三種心理衝動是導致正義概念的衝動。我知道許多自由思想家對於這一概念深懷敬意，認為儘管教條宗教在衰敗，但是正義概念應該受到保護。在這一點上，我不能同意他們的看法。在我看來，對正義觀念的心理分析似乎表明它植根於不良感情，不應為理性的認可所強化。正義和不義必須一起接受；強調一個而不同時強調另一個，是不可能的。那麼，"不義"實際上是甚麼呢？它實際上是一種民眾不喜歡的行為。民眾通過把這種行為叫作不義，並且圍繞這一概念編造一個精細的道德體系，證明對他們所厭惡的對象施加懲罰是有道理的，而同時又因為按照釋義民眾是正義的，民眾在放縱自己喜好殘酷的衝動時增強了他們自己的自負。這是實施私刑的心理，也是以其他方式懲罰罪犯的心理。因此，正義概念的本質就是給殘酷披上正義的外衣，為施虐狂提供發泄的機會。

但是，有人會說，據你自己所言，希伯來的先知們最終發明了正義的觀念，而你對正義所作的描述卻完全不適用於他們。這樣說是有道理的：希伯來先知們口中的正義就是他們和耶和華所稱許的東西。人們發現在《使徒行傳》中也有同樣看法的表述，使徒們在開始宣佈決定時說："因為在聖靈和我們看來，這樣做似乎是合適的"（《使徒行傳》第十五章第二十八節）。但是，關於上帝的愛好和看法的這種個人確信，不能作為任何機構的根據。新教不得不與之作鬥爭的困難始終是：新的先知可能會斷言，他得到的啟示比以前的先知得到的啟示更可靠，而根據新教對事物的總看法，沒有甚麼東西可以證明這一斷言是不能成立的。因此，新教分裂成無數個教派，它們相互削弱；人們有理由認為，一百年以後天主教將成為基督教信仰唯一有效的代表。在天主教會中，啟示擁有着諸如先知們所享有的那種地位；但是，有些看起來很像是真神啟示的現象可能是魔鬼所致，教會的職責就是去辨別這些真假，就像藝術品鑒賞家的職責是鑒別達文西的真跡和贗品一樣。這樣，啟示便同時成為約定俗成了。正義是教會所稱許的東西，不義是教會所譴責的東西。因此，正義這一概念便能有效證明民眾的憎惡是有道理的。

　　所以，宗教所蘊涵的三種人類的衝動似乎是恐懼、自負和憎恨。人們也許會說，宗教的目的是向這些感情表示敬意，假如它們在某些管道中流動的話。正是由於這些感情從總體上說給人類造成痛苦，所以宗教是一種使人變惡的力量，因為它允許人們無節制地放縱這些感情，如果沒有它的允許，人們至少在某種程度上可以控制這些感情。

　　在這一點上，我能想像出一種反對觀點，這種觀點雖然也許不太可能得到大多數正統教徒的力挺，但還是值得加以考察的。有人也許會說，憎恨和恐懼是人類的本性；人類過去一直有這些感情，將來還會一直有。有人可能會對我說，你處理這些感情最好的辦法是，把它們引導到某些相對說來危害比較小的管道裏。基督教神學家也許會說，教會對待這些感情就像它對待它為之哀歎的性衝動一樣。教會試圖通過把性慾限制在婚姻生活的範圍內，而使性慾變得無害。

所以，有人也許會說，如果人類不可避免地會有憎恨這種感情，那麼，最好還是把憎恨對準那些真正有害的人，這正是教會用它的正義概念所做的事。

對於這種爭論有兩種回答——一種比較膚淺；另一種則刨根究底。膚淺的回答是：教會的正義概念並不是最佳的可行之事；根本性的回答是：用我們現在的心理學知識和工業技術，就能把憎恨和恐懼從人類生活中徹底剷除。

先看第一點。教會的正義概念從各方面來看都是對社會有害的——首先在於它貶低理智和科學。這個缺點是從福音書那裏繼承來的。基督要我們變得像小孩一樣，但是小孩不能理解微積分、貨幣原理或與疾病作鬥爭的現代方法。按照教會的說法，獲得這種知識根本不是我們的本分。教會已不再堅持認為知識本身是有罪的，儘管它在興盛時期就是這樣認為；但是即使獲得知識不是有罪的，那也是危險的，因為它會導致理智的傲慢，從而懷疑基督教的教義。例如，拿兩個人來說，其中一個撲滅了曾席捲廣大熱帶地區的黃熱病，但在其工作期間曾偶爾與一個不是其配偶的女子發生關係；而另一個卻懶惰成性，庸碌無能，每年生一個孩子，直至他的妻子衰竭而死，他對於孩子幾乎不盡照料之責，致使他們中的一半死於各種可預防的原因，但他從來不喜歡搞不正當的男女關係。每一個虔誠的基督教徒必定會堅稱，後者的品德比前者更加高尚。當然，這是一種迷信的態度，完全違背理性。但是，只要我們仍然認為防止罪惡比正面的價值更重要，只要知識有助於有益生活的重要性仍未得到認可，這種多少有點荒唐的現象仍然是不可避免的。

　　更加根本性地反對教會利用恐懼和憎恨的第二種觀點是：現在通過教育、經濟和政治的改革，就能把這些感情從人性中消除殆盡。教育改革應當是基礎，因為具有恐懼和憎恨的人也會讚美這些感情，並且希望永遠保持這些感情，儘管這種讚美和希望可能是無意識的，普通基督教徒的情況就是如此。創造以消除恐懼為目的的教育並不困難。這種教育只需對孩子和藹可親，使他們生活在首創精神不可能招致災難性結果的環境裏，不讓他們與具有不合理的恐懼（不管是對黑暗、對老鼠，還是對社會革命的恐懼）的成人接觸。孩子也不應當受到嚴厲的懲罰、恐嚇，或過嚴的責備。使孩子沒有憎恨是一項比較細緻一點的工作，應當對不同的孩子皆審慎和一視同仁，非常小心地避免出現各種引起妒忌的情況。孩子必須親身感受到至少是和他有關的某些成人的鍾愛，只要他合乎天性的活動和好奇心並不危害其生命或健康，就不應當受到壓制，尤其是不必忌諱性知識，也不必忌諱談論一些思想守舊的人認為不成體統的事情。如果一開始就遵守這些簡單的準則，那麼，孩子就會變得無畏和友善。

　　不過，這樣教育出來的年輕人一進入成年生活階段，就會覺得自己突然進入了一個充滿不公正、殘忍和苦難可被防止的世界。現代世界上所存在的不公正、殘忍和苦難都是過去遺留下來的，它們最終的根源是經濟原因，因為從前不可避免地，為了爭奪生存資源而生死搏鬥，但這種生死搏鬥在我們的時代並不是不可避免的。憑藉我們目前的工業技術，只要我們願意，我們就能為每個人提供尚可以的生活。假如不是受到教會寧要戰爭、瘟疫和飢荒，也不要避孕的政治影響阻撓，我們還能夠使得世界人口保持穩定。能夠促成全世界普遍幸福的知識已經存在，而最主要妨礙我們利用這知識達致那個目的是宗教的傳播。宗教阻止我們的孩子接受合理的教育；宗教阻止我們排除戰爭的根本原因；宗教阻止我們講授科學合作的道德規範，以取代有關罪孽與懲罰的陳腐而兇殘的教義。人類可能就站在黃金時代的門口；但是，如果是這樣的話，那麼首先必須殺死那條守門的龍，而這條龍就是宗教。

第 三 章

我們死後靈魂還能存活嗎？

這篇文章最初於 1936 年發表在《生死的奧秘》(*The Mysteries of Life and Death*) 一書中。該書同時還發表了羅素提到的那篇巴恩斯主教 (Bishop Barnes) 的論文。

在我們能有益地討論我們死後靈魂是否將繼續存活這個問題之前，最好能弄清楚一個人和昨天的他是同一個人的含義。

哲學家們過去一直認為存在着明確的實體，即各自都一天一天延續下去的靈魂與肉體；認為靈魂一旦被創造出來就持續地存在於整個未來，而肉體在死亡後暫時停止，直到身體復活為止。

這一學說中有關現世生活的那部分內容，可以相當肯定地說是錯誤的。身體的物質通過吸收營養和消耗能量的過程不斷變化着。即使不是這樣，物理學中的原子也不再被認為持續存在；說這與幾分鐘前存在的那個原子是同一個原子，是沒有意義的。人體的持續是關乎外貌和行為，而不是物質。

同樣的情況也適用於心靈。我們思考、感覺、行動，但是除了思想、感受、行為之外，並不存在處理或經歷這些所

發生事情的心靈或靈魂這樣一種純實體。人的心理持續是
習慣和記憶的持續：昨天存在着一個我能記得其感受的人，
我把那個人當作是昨天的我；但是事實上，這個昨天的我只
是現在被記起來的某種心理事件，並且這種心理事件被認為
是現在想起它們的這個人的一個組成部分。一個人是由一
系列的經驗所構成，而這些經驗是由記憶及某種類似我們稱
之為習慣的東西聯繫起來的。

因此，如果我們要相信人死後靈魂還繼續存活，我們就
得相信構成人的記憶和習慣會在一系列新出現的事情中顯
示出來。

沒有人能夠證明這不會發生。但是人們不難發現這是不
太可能發生的。我們的記憶和習慣與腦的結構有密切關係，
大致上就像河流與河床的關係一樣。河裏的水總是在變化，
但它保持着同一個流向，因為以前所降的雨已沖刷出了一條
河道。同樣，以前的事件也在腦海中沖出了一條“管道”，
我們的思想就沿着這條管道流動。這就是記憶和心理習慣
的成因。但是腦作為一種結構，在死亡的時候就解體了，因
此，記憶也可能解體了。地震令原來是溪谷的地方隆起了一
座山峰，人們便不再有理由要求河水始終不渝地在舊河道中
流動。

一切記憶，因此（人們會說）一切心智，都依賴於某些
類型的物質結構中一個非常顯著的特性，但在其他類型的物
質結構中這個特性即使有也是少到幾乎不存在。這就是由
於時常發生類似的事情而形成習慣的特性。例如：亮光使

眼睛的瞳孔收縮；如果你反覆用光照射某人的眼睛，同時敲打銅鑼，最後，單憑鑼聲就能使他的瞳孔收縮。這是與腦和神經系統有關，也就是說，與某種物質結構有關。人們會發現，完全類似的事實解釋了我們對語言的反應和使用，解釋了我們由此引起的記憶和情感，解釋了我們道德的和不道德的行為習慣，實際上解釋了，除了由遺傳決定的那部分心理個性之外，構成我們心理個性的一切。由遺傳決定的那部分心理個性被傳給我們的後代，但是在個人中，人體解體後它便不可能繼續存在。因而，就我們的經驗來說，個性的先天遺傳部分和後天習得部分都與某些人體結構有密切關係。我們都知道，腦受損傷可以使記憶消失，昏睡性腦炎可以使有德性的人變得邪惡，缺碘會使聰明的孩子變成白癡。鑒於這種常見的事實，在死亡導致腦結構徹底毀壞的情況下，心智還繼續存在，這似乎不太可能。

使人信仰來世的不是理性的論證，而是情感。這些情感中最重要的是對死亡的恐懼，這種恐懼是本能的，而且從生物學的角度來看也是有益的。如果我們真誠而且全心全意地信仰來世，我們就應該完全停止對死亡的恐懼。結果會是稀奇古怪的，而且也許還會使我們大多數人深感遺憾。但是，我們人類和非人類的祖先在整個漫長的地質年代中一直在與自己的敵人戰鬥，並把他們消滅，而且因勇敢而受益；因此，對於生存鬥爭中的勝利者來說，必要時能克服出於本性對死亡的恐懼，是一種優勢。在動物和野蠻人中，本能的好鬥性就足以達成這目的；但是在某個發展階段，正如伊斯蘭教徒最先所證實的，信仰天國，對於增強天生的好鬥性來說，具有相當大的軍事價值。所以，我們應當承認，軍事家鼓勵信仰靈魂不朽是明智的，我們始終認為，這種信仰並沒有達到如此癡迷，以至產生對世事冷漠的程度。

鼓勵信仰死後靈魂不朽的另一種情感，是對人類優點的讚賞。正如那位伯明罕的主教所說："他的心靈是一架比早先出現過的任何東西都精美得多的儀器——他知道對錯。他能建造西敏寺，他能製造飛機，他能計算太陽的距離……。那麼，人死了會徹底消亡嗎？那種不可比擬的儀器，他的心靈，在生命停止時也死滅了嗎？"

這位主教繼續論證："宇宙是因明智的意向而形成，並受其支配"，如果創造了人，再讓他死滅，那就不明智了。

對於這一論證，有許多答覆。首先，在對自然的科學研究中，人們發現，道德價值和美學價值的干擾一直是發現的障礙。以前人們總認為，天體一定作圓周運動，因為圓周是最完美的曲線；物種一定是永遠不變的，因為上帝只會創造完美的東西，所以它們沒有改進的必要；除了悔罪以外，與流行病作鬥爭是沒用的，因為它們是對罪孽的懲罰，等等。不過，就我們所能發現的來說，自然對於我們的價值觀念不感興趣，而且，只有無視我們的善惡觀念才能了解自然。宇宙可能有一種意向，但是，如果是這樣的話，我們所知道的東西無一能使人們聯想到，這種意向與我們的意向有甚麼相似之處。

這也沒有甚麼驚人之處。巴恩斯博士告訴我們，人"知道對錯"。但事實上,正如人類學所表明的,人們關於對錯的看法變化無常,沒有一種看法是永久不變的。因此,我們不能說人知道對錯,而只能說有些人知道對錯。哪些人呢?尼采所贊成的道德和基督的道德大不相同,某些擁有很大權力的政府接受了他的學說。如果關於對錯的知識可以作為支持靈魂不朽的論據,那麼,我們首先必須決定究竟是相信基督呢,還是相信尼采,然後論證,基督徒是永生的,而希特拉和墨索里尼卻不是永生的呢,還是相反,希特拉和墨索里尼是永生的,而基督徒不是永生的。這顯然將在戰場上而不是在書齋裏作出決定。誰有最厲害的毒氣,誰就會掌控將來的道德規範,因而也將成為永生的人。

我們關於善惡問題的感情與信仰,像其他所有關於我們的事物一樣,也是在生存鬥爭中發展起來的自然事實,並沒有甚麼神性或超自然的根源。《伊索寓言》中有一則寓言說到:有人把獵人捕捉獅子的圖畫拿給獅子看,獅子說,要是這些畫是牠畫的話,那所呈現的就會是獅子捕捉獵人。巴恩斯博士說,人是靈慧的傢伙,因為他能製造飛機。不久前,有一首流行歌曲,讚頌聰明的蒼蠅在天花板上倒立爬行,合唱的歌詞是:"勞合・喬治能行麼?包爾溫先生能行麼?拉姆齊・麥克能行麼?唉,肯定不行。"[1] 在這個基礎上,一隻

---

1 勞合・喬治(Lloyd George)、包爾溫(Baldwin)和拉姆齊・麥克唐納(Ramsay MacDonald)是當時英國三大政黨領袖,都曾擔任英國首相。——譯者註

有神學頭腦的蒼蠅就能作出非常有力的論證，其他蒼蠅毫無疑問也會認為這個論證是最有説服力的。

　　此外，只有當我們抽象地思考時，我們才會對人有如此高的評價。至於具體的人，我們大多數人都認為絕大多數是很壞的。文明國家把半數以上的歲入都花費在互相屠殺對方國家的民眾上。不妨考慮一下過去漫長的歷史中，由道德熱情所引起的活動：人祭、對異教徒的迫害、獵殺女巫、大屠殺，直至用毒氣成批成批地殺戮，巴恩斯博士至少有一位主教派同僚必然會被認為是贊成這些活動的，因為他認為和平主義是反基督教的。這些令人厭惡的活動，以及促成這些活動的道德學說，真的是智慧的造物主存在的證據嗎？我們真的能夠希望從事這種活動的人永生嗎？我們生活在其中的這個世界可以被看成是混亂與意外的結果；但如果世界是審慎意向的結果，那麼這種意向必定是魔鬼的意向。就我來説，我覺得意外是一種不太痛苦而且似乎更加可信的假設。

第四章

好像，母親？不，是這樣就是這樣 [1]

這篇論文寫於 1899 年，以前從未發表過。我們之所以在這裏發表這篇論文，主要是因為它的歷史重要性，因為它顯示出羅素首次對他早年在劍橋所擁護的黑格爾哲學作出反叛。雖然他那時反對宗教不像第一次世界大戰以後那麼明顯，但他有些批判性的意見是建立在相同的基礎上。

哲學，在它還繁榮昌盛的年代裏，聲稱為愛好它的人提供各種最重要的服務。在逆境中，它給他們安慰；在遇到知識方面的疑難問題時，它給他們解釋；在道德方面感到困惑時，它給他們指導。難怪小兄弟一看到它用處的實例，就懷着年輕人的熱情驚呼：

> 神聖的哲學，多麼迷人！
> 並不像笨伯所認為的那樣，刺耳和晦澀，
> 而是像阿波羅的魯特琴一樣悅耳。[2]

1　羅素用莎士比亞戲劇中的一句話作為這篇論文的標題，譯文見朱生豪翻譯的《哈姆雷特》第一幕第二場第七十六行。── 譯者註
2　原文見約翰・彌爾頓（John Milton, 1608-1674）的假面詩劇《科瑪斯》（*Comus*, 1634）。── 譯者註

　　但是那些幸福的日子一去不復返了。哲學，由於它衍生的產物逐漸取得了勝利，所以只好逐一放棄其崇高的抱負。知識方面的疑難大部分已從科學所習得——其他少數的特殊問題，哲學非常渴望得到其擁有權，並仍然努力予以回答，這被大多數人看作是黑暗時代遺留下來的殘物，而且正在迅速轉移到 F.W.H. 邁爾斯（F.W.H. Myers）先生的嚴謹科學。道德方面的困惑——直到不久前哲學家們還毫不遲疑地將它們視為自己的禁臠——已為麥克塔格特（McTaggart）和布蘭得利先生（Mr Bradley）所拋棄，而讓它們受統計學和常識的離奇想法的指導。但是，麥克塔格特仍然認為，給予安慰和慰藉的權力——這位無權者的最後的權力——屬於哲學。而這正是今天晚上我想從孕育出現代諸神，自己卻逐步衰邁的哲學身上剝奪的東西。

　　乍看起來，似乎很簡單就能解決這個問題。麥克塔格特可能會說："我知道哲學能給人安慰，因為它確實使我感到安慰。"但是，我將試圖證明，給他安慰的那些結論不是由他的整體立場得出的——無可否認，那些結論確實不是由他的整體立場得出的，它們之所以能被記住，似乎只是因為它們給他安慰。

　　因為我不想討論哲學的真實性，而只是想討論哲學的情感價值，所以，我將假設以現象（Appearance）與實在（Reality）之間的區別為基礎的形而上學，並認為實在是無時間性和完美的。任何這樣一種形而上學的原理都可以被簡括地表達出來。"上帝在祂的天庭，而大亂的是世界"

——那就是它的最後一句話。但是，似乎可以認為，因為
上帝在祂的天庭，而且一直就在那兒，所以，我們可以期盼
祂有朝一日會降臨大地，即使不是來審判生者與死者，至少
也是來報答哲學家們的信仰。然而，上帝長期安於只是在
天國中生存，似乎在人間事務方面使人聯想到斯多葛主義
（stoicism），把我們的希望寄託在這樣一種主義上面也許是
草率的。

不過要認真地講一講，一種學說的情感價值，像逆境中
的安慰一樣，似乎取決於它對未來的預言。從情感上講，未
來比過去，甚至比現在，更重要。"結局好就一切都好"，
是人們一致公認的常識格言。"早晨有陰霾，常常變晴天"
是樂觀主義；而悲觀主義卻說：

> 多少次我曾看見燦爛的朝陽
> 用他那至尊的眼媚悅着山頂，
> 金色的臉龐吻着青碧的草場，
> 把黯淡的溪水鍍成一片黃金，
> 然後驀地任那最卑賤的雲彩
> 帶着黑影馳過他神聖的霽顏，
> 把他從這淒涼的世界藏起來，
> 偷移向西方去掩埋他的污點。[3]

所以，從情感上講，我們關於宇宙究竟是好還是壞的看

3　譯文見朱生豪等譯《莎士比亞全集》（十一），第191頁。——譯者註

法取決於未來，取決於它將是甚麼樣子；我們總是及時地關心現象，除非我們確信未來比現在好，否則就很難知道我們可以在甚麼地方找到安慰。

實際上，未來與樂觀主義有非常密切的關係，以至於麥克塔格特本人，儘管他的樂觀主義全依賴於對時間的否定，也不得不聲稱絕對是事物的未來狀態，是"必定總有一天會變得顯然可見的和諧"。強調這一矛盾也許是殘酷的，因為主要是麥克塔格特本人使我意識到這一矛盾。但是我確實想要強調的是：可從實在是無時間性和永遠善這一學說中得到的任何安慰，都完全只是靠這一矛盾得到的。無時間性的實在與未來的關係不可能比它與過去的關係更密切：如果它的完美迄今還沒有顯現出來的話，那就沒有理由認為它總有一天會顯現出來——真的，十有八九上帝會待在祂的天國裏。我們可能會同樣得體地談到和諧必定曾經一度是顯然可見的；這也可以是"我的悲傷在前，我的歡樂在後"——顯然，這給予我們的安慰將是多麼微不足道。

我們所有的經驗都與時間有密切關係，我們也不可能想像出無時間性的經驗。但是即使能想像出來，我們也不能毫無矛盾地認為我們總有一天將會有這種經驗。所以，不管哲學能展示甚麼，一切經驗很可能與我們所知道的經驗相似——如果這在我看來似乎是壞的，那麼任何關於區分現象與實在的學說都不可能給我們事情會變得更好的希望。我們確實陷入了沒有希望的二元論：一方面，我們有我們所知道的世界，以及這個世界上所發生的令人愉悅和令人不快

的事件、死亡、失敗和災難；另一方面，我們有一個想像的
世界，我們稱之為實在世界，並且用實在之大來彌補一個確
實存在着、但缺乏所有其他標誌的世界。我們現在關於這
個實在世界的唯一根據是：如果我們能理解實在，我們就會
確信實在就是如此。但是，如果我們純粹理想解釋的結果到
頭來與我們所知道的世界——實際上就是與現實世界——
有很大的不同；另外，如果我們正是由這一解釋得出下述結
論：我們永遠不會體會所謂的實在世界，除非是在我們先前
沒有體會過其他任何東西的這種意義上；那麼，關於對現存
種種弊端的安慰，我看不出我們能從形而上學得到甚麼。就
以靈魂不朽這問題為例，人們或者希望靈魂不朽是對今世不
公的一種補償，或者希望靈魂不朽是提供死後同自己所愛的
人重逢的可能性（這是更可敬的動機）。後一種希望是我們
都感覺到的，而且，如果哲學能夠滿足這種希望的話，我們
就會因此而無限感激。但是，哲學充其量只能使我們確信靈
魂是無時間性的實在。因此，靈魂會在時間的哪些點上（如
果有這種點的話）碰巧出現，則完全與哲學無關，而且，從
這種學説中也不能合理地推論出死後的存在。濟慈仍然會
抱憾：

> 我也許永遠不會再看到你，
> 不會再陶醉於無憂的愛情
> 和它的魅力！[4]

4　譯文見查良錚譯《濟慈詩選》。——譯者註

　　而且，得知"瞬息的美人"不是形而上學的精確短語，並不能對他有多少安慰。"光陰將帶着我的愛一起流逝"，"這念頭如死亡不可倖免，懷抱那唯恐逝去的愛情只能哀歎啜泣"。這些詩句依然情真意切，而無時間性、完美的實在學說的每一部分都是如此。凡是現在似乎是邪惡的東西——似乎是這樣就是這樣，這是邪惡的可悲特權——凡是現在出現的邪惡東西，據我們所知，都會一直留存下去，折磨我們最後的子孫。我認為，這種學説中沒有絲毫的安樂與慰藉。

　　基督教和先前所有的樂觀主義確實把世界説成是由一位仁慈的上帝永恆地統治着，因而從形而上學的角度來看是善的。但是實際上這只是證明世界未來之美好的手法，例如，證明好人死後會快樂。它一直以"他是好人，因此就會一切順利。這種不合邏輯的推論來給人安慰。"

　　確實，有人也許會説，在認為實在是善的這種純粹抽象的學説中，就有安慰。我自己並不接受這一學説的論據，不過，即使論據是正確的，我也看不出為甚麼它會令人感到安慰。因為我的論點實質是：形而上學構想出來的實在與經驗世界沒有任何關係。它是一種空洞的抽象概念，根據這種抽象概念不可能正確地作出一個有關現象世界的推論，然而我們的興趣卻完全在於這個現象世界。甚至由形而上學而產生的那種純理智興趣，也只對如何解釋現象世界感興趣。但是，形而上學並不真正地解釋這個看得見摸得着的現實世界，而是構想另一個性質根本不同的世界，這個世界與現實經驗如此不同，如此無關，以至日常生活的世界完全不受其影響，並沿着自己的道路發展，就像根本不存在實在世界一樣。即使允許我們把實在世界看作是"另一個世界"，看作是存在於空中某處的天堂，想到別人具有我們所缺乏的完美經驗，無疑也會感到安慰。但是，如果被告知，我們所知的經驗就是那種完美的經驗，我們肯定會對這種說法不感興趣，因為它不能證明我們的經驗比實際上好。另一方面，說我們的現實經驗並不是哲學構想出來的那種完美經驗，就等於切除哲學實在所能具有的唯一存在意義，因為天國裏的上帝不能被斷言為一個脫離肉體的人。因此，要麼我們現存的經驗是完美的（這是空洞的詞句，它並沒有使我們現存的經驗比以前更好）；要麼就沒有完美的經驗，而我們的實在世界只存在於形而上學的書本中，沒有人能經歷到。不管是哪種情況，在我看來，我們不可能在哲學中找到宗教慰藉。

當然，在某些意義上，否定哲學可以給我們安慰，也許是荒謬的。我們可能會發現推究哲理是令人愉悅度過上午時光的方法，在這種意義上，由此獲得的快慰，在極端的情況下，甚至可以與以飲酒度過晚上時光的快慰相比擬。再者，我們可以在美學上引用哲學，就像我們大多數人很可能引用史賓諾莎一樣。我們可以把形而上學，也像詩歌和音樂一樣，當作產生情緒，形成某種宇宙觀、某種生活態度的手段——最終心態的評價取決於喚起了多少充滿詩意的情感，而且與這種程度成比例，而不是與所持信仰的真實程度成比例。實際上，在這些情緒中，我們的滿足似乎與形而上學家的宣稱正好相反。我們滿足於忘卻真實世界及其邪惡，滿足於説服自己暫時相信自己創造的這個世界的真實性。這似乎是布蘭得利為形而上學辯護的理由之一。他説："當詩歌、藝術和宗教已完全不能引起人們興趣的時候，或者當它們不再顯現出任何與終極問題作鬥爭的傾向，而是與這些問題達成協議的時候；當神秘和着迷的感覺不再使心靈漫無目的地遊蕩，不知道自己愛的是甚麼的時候；總而言之，當暮色失去魅力的時候，那麼，形而上學就將毫無價值。"形而上學在這方面對我們所起的作用，基本上就是，比如説，《暴風雨》(The Tempest)[5] 對我們所起的作用一樣。但是，在這觀點上，它的價值與其真實性完全無關。我們重視《暴風雨》，並不是因為當中的主人公普洛斯彼羅的魔法讓我們認識了神靈世界；從美學上講，我們重視形而上學，並不是因為它把神靈世界告訴了我們。這就揭示了我所承認的美學滿足與我認為哲學所絕對沒有的宗教慰藉，兩者之間本質上的差異。對於美學滿足來説，並不需要理智上的確信，所以，當我們尋求美學滿足時，我們可以選擇給我們最大美學滿足的形而上學。另一方面，對於宗教慰藉來説，信仰是必不可少的，而我則堅持認為，我們不能從我們所相信的形而上學中得到宗教慰藉。

　　不過，採用多少有點神秘的美學情感論，就有可能對論點作精細的改進。有人可能會認為，雖然我們絕不可能完全

5　莎士比亞的劇作。——譯者註

如實地經驗實體（Reality），但是有些經驗比起其他經驗來卻更接近實體一些，而這些經驗可以説是藝術和哲學給予的。在藝術和哲學有時給予我們這種經驗的影響下，似乎很容易接受這一觀點。對於那些對形而上學充滿激情的人來説，很可能沒有任何情感像哲學有時所給予的、真福直觀（beatific vision）[6] 所改造的世界的神秘感，如此豐富、美麗和全心渴望獲得。正如布蘭得利再次所説：“我們有些人通過這種途徑，有些人通過那種途徑，似乎接觸到了超越可見世界的東西，並與之神交。我們用各種不同的方法發現了某種更高的東西，它既支持我們又貶抑我們，既懲戒我們又援助我們。而對於某些人來説，努力從理智上去了解宇宙是經歷上帝的主要方式……。”他接着説：“這似乎是某些人從事終極真理研究的另一個理由。”

但是，這不同樣是希望這些人尋求不到終極真理的理由嗎？但願終極真理與《現象與實在》（*Appearance and Reality*）中提出的學説真有相似之處。我不否認情感的價值，但嚴格來説，我的確否認在任何特殊意義下，它是真福直觀或上帝的經驗這種觀點。當然，在某種意義上説，一切經驗都是上帝的經驗，但是在另一種意義上説，因為一切經驗都毫無例外地是在時間之中，而上帝是無時間性的，所以沒有一種經驗是上帝的經驗——賣弄學問“本身”會命令我

6　指那完全被淨化但仍保有理性的聖徒靈魂，得以直接面見上帝。——編者註

補充。現象與實在之間的鴻溝是如此之深，以至於根據我的判斷，我們沒有理由把某些經驗看作是比其他經驗更接近實在的完美經驗。因此，我們所說的這種經驗的價值肯定是完全以它們的情感特性為基礎，而不是像布蘭得利似乎提出的那樣，以可能依附於它們的真理的優越程度為基礎。但是即便如此，它們充其量也不過是推究哲理的慰藉，而不是哲學的慰藉。它們構成了追求終極真理的一個理由，因為它們是在途中採集的花朵；但它們不是對於達到終極真理的獎賞，因為根據所有出現的情況來看，這些花朵只生長在道路的起點，它們在我們遠未到達旅程的終點之前就消失了。

　　毫無疑問，我所主張的觀點不是令人鼓舞的觀點，它即使被人們普遍接受，可能也不會促進哲學的研究。如果我願意的話，我可以用一句格言為我的論文辯護：“在一切皆腐敗的地方，叫賣臭魚是男人的工作。”但是我更願意提出，當形而上學企圖代替宗教的時候，它實際上是弄錯了自己的職責。我承認，它代替得了；但是我堅持認為，它的代替是以淪為腐壞的形而上學為代價的。為甚麼不承認形而上學像科學一樣，得到求知慾的辯護，所以應當受求知慾的指導呢？我們必須承認，在形而上學中尋求慰藉的渴望產生了很多謬誤的推理和理智上的不誠實。無論如何，擯棄宗教會使我們得救。由於某些人有求知慾，他們就很可能不再受迄今仍存留的謬誤所束縛。再次引用布蘭得利的話：“如果一個人的天性使他主要的慾望只能通過一條途徑得到圓滿實現，那麼，他就會試圖沿着這條途徑尋求圓滿，不管這是怎樣的

一種圓滿，也不管世人對此有甚麼想法；要是他不這樣做，
他就是可鄙的。"

第 五 章

論天主教與新教的懷疑論者 [1]

　　任何人與各國出自不同門第的自由思想家有過許多接觸後，肯定都會對天主教出身與新教出身的自由思想家之間顯著的區別留有深刻的印象，不管他們是在多大的程度上認為自己已經拋棄了年輕時所學的神學。

　　新教與天主教的區別，在自由思想家身上就像在信徒身上一樣明顯；的確，本質的區別也許比較容易發現，因為它們並不是潛藏在假稱分歧的教條背後。當然，這裏有一個困難，那就是：大多數新教無神論者是英國人或德國人，而大多數天主教無神論者是法國人。那些像吉本那樣與法國思想有過親密接觸的英國人，儘管他們是新教出身，卻習得了天主教自由思想家的特點。然而，廣泛的區別依然存在，而努力找出這種區別之所在，可能是饒有樂趣的。

　　人們可以把約翰・斯圖亞特・穆勒（John Stuart Mill）的自傳中所描寫的他的父親詹姆斯・穆勒（James Mill）看作是一個極其典型的新教自由思想家。約翰・斯圖亞特・穆勒寫道："我的父親受過蘇格蘭長老會信條的教育，很早就通過自己的研究和思考，不僅拒絕相信啟示，而且也拒絕

1　寫於 1928 年。——作者註

相信通常被稱作自然宗教的那種崇拜的根據。我父親拒斥
一切被稱作宗教信仰的東西，他的這種拒斥並不像許多人
可能猜想的那樣主要是邏輯和證據的問題：他拒斥的理由
與其說是理智上的，倒不如說是道德上的。他覺得，人們不
可能相信如此充滿邪惡的世界，是既擁有無限權力又具有完
美的善和正義的造物主的作品……。在通常附着於宗教這
個詞的意義上，他對宗教的厭惡與盧克萊修（Lucretius）對
宗教的厭惡是同一類型的厭惡：他懷着不是因純粹心理上
的妄想，而是因道德上的大惡而產生的那種感情去看待宗
教。假如允許我獲得與我父親在宗教方面的堅定信念和感
情相反的印象，那就會與他的責任觀念完全不符，他從一開
始就要我牢記，世界形成的方式是人們一無所知的課題。"
然而，毫無疑問，詹姆斯·穆勒依然是個新教徒。"他告誡
我對宗教改革運動要有最強烈的興趣，因為它是一場為了爭
取思想自由而反對教士專制、偉大而具有決定性意義的鬥
爭。"

　　在這所有一切上，詹姆斯·穆勒只是在貫徹約翰·諾
克斯（John Knox）的精神。他是個不信奉英國國教的新教
徒，儘管屬於一個極端教派，但他依然保持着他的先驅們所
特有的道德上的認真和對神學的興趣。從一開始，新教徒就
因他們所不相信的東西而有別於反對他們的人；因此，再拋
棄一條教義，只不過是使這個運動又向前推進一個階段而
已。道德熱情是這問題的本質。

　　這只是新教道德與天主教道德之間的特殊差別之一。

對新教徒來説，特別好的人就是反對權威和接受教義的人，比如沃爾姆斯議會（Diet of Worms）中的路德。新教徒關於善的概念是較個人和孤立的東西。我自己也曾受過新教的教育，在我年輕的心靈中印象最深的經文之一是："不可隨眾行惡。"[2] 我感覺到，這一經文至今仍影響着我最重要的行動。天主教徒關於美德的概念則完全不同：他認為，一切美德中都有馴服的因素，不但要順從上帝啟示良知的聲音，而且還要順從教會作為啟示儲藏室的權威。這使天主教徒關於美德概念的社會性遠遠超過新教徒的，並且天主教徒在與其教會斷絕關係時往往痛苦得多。新教徒脱離曾培養他成長的新教某一教派，那只是在做不久以前那個教派的創立者們所做的事情，他的心態已適應了新教派的創建。但是，天主教徒要是沒有天主教會的支持就會不知所措。當然，他可以加入其他機構，比如説共濟會，但是他仍然會意識到絕望的反叛。而且他通常仍然深信，至少是下意識地深信，有道德的生活僅限於天主教徒，所以，對於自由思想家來説，最高尚的那種美德是不會有的。這種深信將根據他的性格而以各種不同的方式支配他，如果他是性情開朗、脾氣隨和的人，他將享受威廉・詹姆斯（William James）所謂的道德假期。這類人中最完美的範例是蒙田（Montaigne），他對體系和演繹抱持敵視的態度，讓自己的理智放假。現代人不一定都了解文藝復興究竟在多大程度上是一場反智運動。在中

---

2 《聖經・出埃及記》第二十三章第二節。—— 譯者註。

世紀，對事物加以證明乃是風俗；文藝復興首創了觀察事物的習慣。蒙田唯一贊成的三段論，是那些證明特別否定的三段論，例如，他用淵博的知識來論證像阿利烏（Arius）一樣死亡的人並不全是異教徒時。在列舉了大量以這種或類似方式死亡的惡人後，他繼續說："但是這有甚麼關係！伊里奈烏斯（Ireneus）也落得同樣下場：上帝意圖讓我們知道，除了現世的好運和厄運之外，好人還是會希求其他東西，惡人還是有其他東西令其恐懼。"與新教自由思想家相反，在某種意義上，這種對於體系的厭惡，依然是天主教自由思想家的特徵。原因還是：天主教神學體系如此堂皇，以至於不能允許個人（除非他具有英雄的魄力）建立另一個體系來與之競爭。

　　天主教自由思想家因此傾向避免道德上和理智上的一本正經，而新教自由思想家則很容易染上道德上和理智上的一本正經。詹姆斯‧穆勒教導他的兒子："我們無法回答'誰創造了我？'這個問題，因為我們沒有回答這個問題的經驗或可靠資訊；任何回答只會使困難進一步加劇，因為立即就會出現'誰創造了上帝？'這個問題。"把這與伏爾泰在《哲學辭典》（*Dictionnaire Philosophique*）中有關上帝的論述比較一下，該書中"上帝"這個條目的開頭部分如下："在阿卡狄烏斯（Arcadius）統治時期，君士坦丁堡的神學講師洛戈馬科斯（Logomacos）到西徐亞去，駐足於高加索山下、科爾基斯邊境、富饒的澤弗里姆平原。那個可敬的老頭兒唐丁戴克正在他大羊棚和大糧倉之間的大廳裏，跟他的妻子、五個兒子、五個女兒、他的父母，以及他的僕人們都跪着，他們在吃完一頓清淡的飯之後，唱頌主詩歌。"

　　這篇文章以同樣的語調寫下去，最後得出的結論是："從那時起，我決心永遠不再爭論。"人們無法想像詹姆斯・穆勒甚麼時候會決心不再爭論，也沒法想像他會用寓言的方式來解答一道沒那麼驚歎的問題。他也不會用顧左右而言他的技巧，就像伏爾泰在談到萊布尼茲（Leibniz）時所做的那樣："他在德國北部宣稱，上帝只能創造一個世界。"或者把詹姆斯・穆勒斷言存在邪惡時所懷的道德熱情與伏爾泰談論同一件事情的下面這段話作一比較："某位盧庫盧斯[3]家族成員，他身體健康且正在阿波羅[4]的客廳與朋友和情婦一起享用豐盛晚餐，但是如果他往窗外看一眼，就會看到一些悲慘的人；如果他發燒了，他就會為自己感到可憐。或許能從這種人口中，聽到他開玩笑地說要否認邪惡的存在。"

　　蒙田和伏爾泰是開朗懷疑論者的最高典範。但是，許多天主教自由思想家絕不是開朗的，他們總是感到需要刻板的信仰和發號施令的教會，這種人有時會變成共產主義者，列寧是這方面的最佳例子。列寧從一個新教自由思想家那裏接受了自己的信仰（因為猶太人與新教徒在心理上是無法

3　盧庫盧斯（Lucullus）是古羅馬人的姓名中的第三個名字，這個姓名中以盧基烏斯・李錫尼・盧庫盧斯（Lucius Licinius Lucullus, 公元前約117- 公元前 58 或 56）最為有名，他是羅馬將軍，後歷任營造官和執政官。——編者註

4　"阿波羅"是當時盧庫盧斯的豪華住所之一。——譯者註

區別的），但是他的祖先是拜占庭人，這迫使他創立一個教
會，作為信仰看得見的具體體現。同樣的嘗試但不太成功的
例子是奧古斯特・孔德（August Comte），有他那種氣質的
人，除非具有異乎尋常的力量，否則遲早都會再次投入教會
的懷抱。在哲學領域中，桑塔亞那先生（Mr Santayana）是
一個非常有趣的例子，他總是熱愛正統信仰，但是他渴望得
到某種在理智上不像天主教會所提供的那樣令人厭惡的形
式。他一向喜歡天主教的教會制度及其政治影響；大體上
說，他喜歡教會從希臘和羅馬那裏承襲的東西，但是他不喜
歡教會從猶太人那裏承襲的東西，當然，包括教會認為一切
應當歸功於其創建者。他可能希望盧克萊修成功創立一個
以德謨克利特（Democritus）[5]的學說為基礎的教會，因為他
的才智往往被唯物主義所吸引，而且，至少在他的早期著作
中，他幾乎崇拜物質而不是將這一榮譽授予任何其他甚麼事
物。但是最後他似乎開始覺得，任何確實存在的教會都比被
限制在本質領域裏的教會要好。然而，桑塔亞那先生是一個
特殊現象，他幾乎不能放入我們現代的任何範疇。他實際上
是前文藝復興學者，而且，甚至可能被歸類為吉伯林派[6]，這

5　德謨克利特是古代唯物思想的重要代表，他認為每一種事物都是由原子
　　所組成的，整個世界的本質只是原子和虛空。在自然界中，每一件事的發
　　生都有一個自然的原因，這個原因原本即存在於事物的本身。—— 編者
　　註
6　吉伯林派（Ghibellines），意大利中世紀的保皇黨成員，他們反對擁護教
　　皇的歸爾甫派。—— 譯者註

與但丁認為由於堅持伊壁鳩魯（Epicurus）[7]學說而在地獄裏受苦的派別是同一類人。過去長期迫不得已與美洲接觸，必然會在西班牙氣質中產生懷舊之情，這觀點毫無疑問得到進一步證實。

眾所周知，喬治・艾略特（George Eliot）曾告誡 F.W.H. 邁爾斯，上帝是不存在的，但是我們仍然應當行善。喬治・艾略特在這方面是新教自由思想家的典型。總而言之，可以說，新教徒喜歡行善，他們發明神學是為了使自己行善；而天主教徒喜歡作惡，他們發明神學是為了使他們的鄰居行善。因而就有了天主教的社會性和新教的個人性。典型的新教自由思想家傑瑞米・邊沁（Jeremy Bentham）認為，自我滿足的快樂是所有快樂中最大的快樂。所以，他不喜歡過大吃大喝、荒淫的生活，或偷鄰居的錢包，因為這些都不能給予他那種曾與傑克・霍納（Jack Horner）共享過的強烈的興奮，但是產生那種強烈的興奮並不是那麼容易，因為他若想得之，先必棄之。另一方面，在法國首先崩潰的是禁慾主義道德；接踵而來的是由此引起的對神學的懷疑。這種差異可能與其說是教義的，不如說是民族的。

對於宗教與道德的關係，應該不帶偏見地從地理學的角度加以研究。我記得在日本偶爾遇見一個佛教教派，其和尚

7　伊壁鳩魯相信德謨克利特的原子論，但他並不認為原子的運動受各種自然
　　法則的支配。他否定宗教，否認神是最高的法則制訂者，並認為人死後，
　　靈魂原子離肉體而去，四處飛散，因此人死後並沒有生命。——編者註

身分是世襲的。我問這怎麼可能，因為一般佛教徒都是獨身；沒有人能告訴我為甚麼，但最後我在一本書中查明了真相。那個教派似乎起源於因信稱義的學說，它似乎推斷說只要能保持信仰純正，罪是無關緊要的。結果，和尚們都決定犯罪，但是唯一對他們有誘惑力的罪是結婚。從那時起一直到現在，這個教派的和尚都結婚了，不過在其他方面他們過着無可指責的生活。如果能使美國人相信結婚是一種罪，那麼，他們也許再也不會覺得有離婚的必要了。給許多無害的行為貼上"罪"的標籤，但又寬恕那些做出這種行為的人，這也許是明智社會制度的真髓。這樣就可以在不損害任何人的情況下獲得邪惡的快樂。我在對待孩子的問題上勉強接受了這一觀點。每個小孩都間或想淘氣，如果對他進行合理的教誨，那麼，他就只能通過某些真的有害的行為來滿足淘氣的衝動；而如果告誡他說星期天打牌是邪惡的，或者告誡他說星期五吃肉是邪惡的，那麼，他就能在不傷害任何人的情況下滿足犯罪的衝動。我並不是說我在實踐中就按這個原則行事；不過我剛才提及的佛教教派例子，倒使人想到這樣做也許是明智的。

　　過於刻板地強調我們一直在試圖區別新教自由思想家與天主教自由思想家之間的差別也是不行的。例如，18 世紀末的百科全書派（Encyclopédiste）和啟蒙思想家（Philosophes）屬於新教型，而塞繆爾‧巴特勒（Samuel Butler），我認為屬於天主教型，儘管我這樣說時有點躊躇。人們所看到的主要區別是：新教型偏離傳統主要是在理智

方面，而天主教型偏離傳統則主要是在實踐方面。典型的新
教自由思想家，除了擁護異教的見解之外，絲毫不想做任何
他鄰里反對的事情。"吐"[8]的《與赫伯特・斯賓塞一起過的
家庭生活》（*Home Life with Herbert Spencer*，現有的最好看
的書籍之一）提到那位哲學家常見的看法，大意是："他除
了道德品格不錯之外，沒有甚麼值得肯定的地方。"赫伯特・
斯賓塞、邊沁、穆勒父子，或其他任何英國自由思想家，其
著述中主張快樂是生活的目的，我認為這些人當中大概誰
也沒有想到過，自己去尋求快樂，但是得出同樣結論的天主
教徒則可能必須努力地按照這些結論去生活。應當指出的
是，在這一方面，世界正在變化。現在的新教自由思想家往
往在思想和行動上很隨便，但那只是新教全面衰敗的徵兆。
在過去的美好日子裏，一個新教自由思想家也許可以決定
在理論上贊同自由戀愛，然而終身卻過着嚴謹的獨身生活。
我認為，這種變化是令人遺憾的。由於死板制度的崩潰，產
生了偉大的時代和偉大的人物：死板的制度產生了必要的
戒律和凝聚力，而這種制度的崩潰則釋放出了必要的活力。
如果以為在崩潰的最初一瞬間所產生的值得讚頌的成果可
以不斷地延續下去，那就錯了。毫無疑問，理想是行動上的
某種刻板性加上思想上的某種可塑性，但這除了短暫的過
渡時期以外很難在實踐中達到。如果舊的正統觀念衰朽了，

8　"吐"（Two）可能是亞瑟・G.L. 羅傑斯（Arthur G.L.Rogers）的筆名，意為
　　"二"。──譯者註

新的刻板教義似乎很可能會經必然的衝突而產生出來。俄
國總有一天會有這樣的布爾什維克無神論者：他們會對列
寧的神性產生懷疑，並且會指出，愛自己的孩子並不是邪惡
的。中國會有這樣的國民黨無神論者：他們會對孫中山持
保留態度，並且會不公開地尊孔。我擔心自由主義的衰落會
使人們愈來愈難以不擁護某種好鬥的教義。各種各樣的無
神論者可能會不得不在一個秘密社團中聯合起來，並且回到
培爾[9]在其辭典中所發明的方法上去。不管怎麼說，有這樣
一種安慰：迫害意見對文學風格有極妙的影響。

9　培爾（Bayle, Pierre, 1647-1706），法國哲學家，著有《歷史與批判辭典》。
　　——譯者註

第 六 章

中世紀的生活 [1]

　　為了符合我們自己的偏見，我們對中世紀的描述甚至可能比對其他時期的描述歪曲得更加厲害。我們對中世紀的描述有時過於陰暗，有時又過於光明。18 世紀，一個對自己毫不懷疑的時代，把中古時代看成純粹是野蠻的：在吉本看來，那時的人簡直是我們"未開化的祖先"。對法國革命的反動，產生了對荒謬言行浪漫的讚賞，這種讚賞是以理性通向斷頭台的經驗為基礎。這就釀成了對所謂"騎士時代"的讚美，並由沃爾特·司各特爵士（Sir Walter Scott）使之在講英語的民族中家喻戶曉。普通的男孩或女孩可能仍然受中世紀的浪漫觀點所支配，他或她想像這樣一個時代：那時騎士們身穿盔甲，手執長矛，常說"真的！"（quotha）和"誓必"（by my halidom），總是謙恭有禮或怒氣衝衝；那時女士們全都美麗而又痛苦，但在故事結尾則必定會得到救援。還有第三種觀點，雖然它像第二種觀點一樣，也讚美中世紀，但它卻完全不同；這就是由於厭惡宗教改革而產生的基督教觀點。這裏強調的是虔誠、正統、經院哲學和教會控制下基督教世界的統一。它像浪漫主義觀點一樣，是對理性

1　寫於 1925 年。——作者註

的反動，不過，它是一種不那麼幼稚的反動，披着理性的外衣，求助於一度支配過世界，而且可能會再度支配世界的偉大思想體系。

這幾種觀點中都有真實的成分：中世紀是未開化的，是具有騎士精神的，也是虔誠的。但是，如果我們真的想要了解一個時代，那麼就不應該將它和我們自己的時代比照起來看，不管這種比照對它有利還是不利：我們應該試圖按生活在那個時代的人的眼光來看那個時代。最重要的是，我們必須記住，在每一個時代，絕大多數人是平凡的人，他們關心的是他們日常生計問題，而不是歷史學家所探討的重大論題。愛琳‧鮑爾（Eileen Power）女士在《中世紀人》（*Medieval People*）這本妙趣橫生的書中，描畫了這樣的凡夫俗子，這些人物的時間跨度是從查理曼到亨利七世時期。在她的畫廊中，唯一的傑出人物是馬可‧波羅；其他五人幾乎是無名之輩，他們的生平靠偶然倖存下來的文獻才得以重現。騎士制度是貴族的事，在民主政治的史冊中是找不到的；農民和英國商人表現出虔誠，但在宗教界卻很少能看到虔誠；每個人遠非像 18 世紀所預料的那麼野蠻。然而，該書有一個非常鮮明的、支持“野蠻的”觀點的對比：文藝復興前的威尼斯藝術與 14 世紀中國藝術之間的對比。複製了兩幅畫：一幅是威尼斯的馬可‧波羅航海圖，另一幅是中國 14 世紀趙孟頫的山水畫。鮑爾女士寫道：“一幅（趙孟頫的畫）顯然是一個高度發展的國度的作品，另一幅則是近乎天真幼稚的文明的產物。”凡是對這兩幅畫作過比較的人肯定都會有同感。

　　另一本最近的新書，即萊頓的赫伊津哈（Huizinga）教授的《中世紀的衰落》（*The Waning of the Middle Ages*），非常有趣地描繪了 14、15 世紀的法國和佛蘭德（Flanders）。在該書中，騎士制度得到了應有的注意，作者不是從浪漫主義的角度看騎士制度，而是把它看作是上層階級的人們為了消磨他們乏味得難受的生活而發明的精心設計的遊戲。騎士精神的基本部分是對愛情古怪而又典雅的概念，把愛情看作是某種得不到滿足乃是愉快的東西。"當 12 世紀普羅旺斯的行吟詩人將得不到滿足的慾望置於詩意的愛情概念的中心時，文明史上出現了一個重要的轉折。宮廷詩……使慾望本身成為基本的主題，所以就創造了一種帶上消極基調的愛情概念。"再則：

> 　　其理智概念和道德概念被置於"愛的藝術"這個神龕內的上層階級的存在，依然是歷史上一個相當奇特的事實。沒有其他任何一個時代，文明的理想與愛情的理想融合到這種程度。正像經院哲學體現了把一切哲學思想結合在一個單一的中心裏的這種中世紀精神的偉大努力一樣，典雅愛情的理論在一個不那麼高尚的領域裏也傾向於囊括屬於高貴生活的一切。

　　中世紀的許多事情都可以解釋為羅馬傳統與德意志傳統之間的衝突：一方面是教會，另一方面是政府；一方面是神學和哲學，另一方面是騎士精神和詩意；一方面是法律，另一方面是快樂、激情，和非常任性的人其一切無政府主義的衝動。羅馬傳統並不是羅馬帝國偉大時代的傳統，而是君士坦丁和查士丁尼統治時期的傳統；但是雖然如此，它依然包含着好騷動的民族所需要的某種東西，沒有這種東西，文明就不可能從中世紀的黑暗時代中重新出現。因為人是兇殘的，所以只有用可怕的嚴厲手段才能把他們制伏：使用恐怖手段，直到由於司空見慣而失去效用才罷手。在描繪了中世紀末期藝術特別受人喜愛的題材，亦即骷髏與活人共舞的"死亡之舞"之後，赫伊津哈博士開始講述巴黎的無辜者的教堂墓地，那裏曾是維永 [2] 的同時代人散步消遣的地方：

> 骷髏和屍骨堆積在沿着三面圍繞墓地的迴廊而建的藏骸所裏，它們數以千計地公然擺放在那裏，向所有的人宣講平等的課程。……在迴廊下，"死亡之舞"展示着它的雕像和詩節。沒有甚麼地方比那裏更適合於這種猿猴似的、齜牙咧嘴的死者雕像了，這些雕像亦拖着教皇和皇帝、僧侶和傻子前進。想要死後葬在那裏的貝里公爵，曾請人把三個死者和三個生者的歷史刻在教堂的正門上。一個世紀後，葬禮符號的這種展示以完成一尊巨大的死神雕塑而告終，這尊塑像現在還保存在羅浮

2　維永（François Villon, 1431-1463 以後），法國最偉大的抒情詩人之一。
　　——譯者註

宮，而且是這一切中僅存的遺物。這裏是 15 世紀
的巴黎人時常出入的地方，並被作為 1789 年皇宮
悲傷的對應物。人們日復一日、三五成羣地在迴
廊下散步，觀賞塑像，吟讀簡單易懂的詩句，這一
切使他們聯想到正在迫近的死亡。儘管那裏不斷
地進行埋葬和發掘，可是它依然是公眾閒逛和聚會
的地方。商店蓋在藏骸所前，妓女溜達於迴廊之
下。一個女隱士隱居在教堂旁邊。男修士們到那
裏來佈道，各種隊伍在那裏集結整頓。⋯⋯有人甚
至在那裏舉行盛宴。令人毛骨悚然的場所竟然成
了人們常去的地方。

從對恐怖題材的喜愛中可以猜想到，殘忍曾是民眾最珍
視的樂趣之一。孟人買盜匪，只是為了看他受苦刑，"人們
對此欣喜不已，即使一個新的聖體死而復生，他們也不會這
麼高興。"1488 年，布魯日有幾個地方行政官因懷疑叛國，
三番五次地在集市遭嚴刑拷打，以娛民眾。這些官吏懇求
將他們處死，但是這個請求遭到了拒絕，赫伊津哈博士說：
"這樣人們可以目睹他們受苦，再飽眼福"。

歸根到底，關於 18 世紀的觀點也許有些事情可以說一
說。

赫伊津哈博士的書中有一些章節論述中世紀後期藝術，
非常有意思。繪畫的細膩是建築和雕塑無法比擬的，建築和
雕塑由於愛好與封建浮華相關聯的壯美而變得華麗。例如，

當勃艮第公爵僱用斯呂特（Sluter）在尚普莫爾（Champmol）雕製精細的耶穌受難像時，十字架上就出現了勃艮第和佛蘭德的紋章。更令人瞠目結舌的是作為組像之一的耶利米像，他的鼻子上竟然架着一副眼鏡！作者描繪了一位偉大的藝術家被一個沒有文化修養的資助人所左右這樣一幅可悲的圖畫，接着他撕毀這幅圖畫，說：也許"斯呂特自己認為耶利米的眼鏡是一個非常幸運的發現"。鮑爾女士也提到過一個同樣令人吃驚的事實：13 世紀有一個意大利的刪書者，由他經手的作品比丁尼生（Tennyson）[3] 的更貼合維多利亞時期精練的特色，他出版的亞瑟王傳奇，把蘭斯洛特（Lancelot）和桂妮薇兒（Guinevere）之間的愛情故事全部刪去。歷史上有許多怪事，例如，16 世紀一位日本的耶穌會會士在莫斯科殉教。我希望某個多聞博識的歷史學家能寫出一本叫作《奇聞紀實》的書來。在這樣一本書裏，耶利米的眼鏡和那位意大利的刪書者無疑應該佔有一席之地。

3　丁尼生，英國 19 世紀的著名詩人。——譯者註

第七章

托馬斯・潘恩的命運 [1]

　　雖然托馬斯・潘恩（Thomas Paine）是兩次革命中的著名人物，而且還因為試圖發動第三次革命險些被處以絞刑，但是他的形象在我們這個時代卻漸漸變得暗淡無光了。在我們的曾祖父們看來，他有一點兒像是塵世的撒旦，是既反叛上帝又反叛君王、專搞顛覆的異教徒。他遭到三個通常都是意見不一致的人的極度仇視：這三個人是皮特（Pitt）、羅伯斯比爾（Robespierre）和華盛頓（Washington）。其中前兩個人想置他於死地，而華盛頓則謹慎地不採取能夠救他一命的措施。皮特和華盛頓恨他，是因為他是個民主主義者；羅伯斯比爾恨他，是因為他反對處決國王和反對恐怖統治。總是為在野黨所尊敬，又總是被政府所憎恨，這就是他的命運：華盛頓在與英國人作戰的時候，曾用最美好的言辭讚揚潘恩；在雅各賓派執政之前，法蘭西民族曾給予他許多榮譽；甚至在英國，最傑出的輝格黨政治家們也和他交朋友，聘請他起草宣言。他和其他人一樣也有缺點；但是，他之所以遭人恨，對他的誹謗之所以能得逞，則正是由於他的美德。

1　寫於 1934 年。——作者註

潘恩在歷史上的重要性在於這樣一個事實：他使得對民主的宣傳民主化了。18 世紀，在法國和英國的貴族中，在啟蒙思想家和不信奉國教的牧師中，都有民主主義者。但是他們全都以只是對受過教育的人才有吸引力的方式，提出自己的政治見解。雖然潘恩的學說中並沒有甚麼新穎的東西，但是他在寫作方法上卻是個創新者，他的文章簡單明瞭，直截了當，沒有學究氣，譬如說每一個理解力強的工人都能讀懂。這使他變成了危險人物；當他在他的罪名上又添加了宗教異端時，特權的維護者們就乘機把他罵得狗血噴頭。

在他一生的前 36 年中，並沒有跡象表明他具有在他後期活動中表現出來的那種才能。1739 年，他出生在塞特福德，父母都是貧苦的教友派信徒（Quaker），13 歲以前在當地的一所文法學校讀書，13 歲那年他成了一名胸衣裁縫。但是，他並不喜歡過安靜的生活，在 17 歲時他試圖加入一條叫做“恐怖號”的武裝民船，該船船長的名字叫迪阿思（Death），他的父母把他拉了回來，也許因此挽救了他的性命，因為此後不久該船 200 名船員中就有 175 人陣亡。但過後不久，在“七年戰爭”爆發時，他成功地在另一條武裝民船上開始水手生涯，不過，我們現在對他短暫的海上冒險生活一無所知。1758 年，他在倫敦作為一名胸衣裁縫被人僱用，次年結婚，但是幾個月後他的妻子就去世了。1763 年，他成了一名稅務員，但是兩年以後被解僱，因為他謊稱外出檢查，而實際上卻是在家裏學習。在極度貧困中，他成了一個每週收入 10 先令的教師，並試圖成為聖公會牧師。由於在路易斯恢復了他税務員的職務,他被從這種沒有希望的權宜之計中解救了出來。他在路易斯和一個教友派女教徒結了婚, 1774 年由於一些無人知曉的原因與她正式分居。這一年他再度失業,原因顯然是因為他組織了税務員要求增加工資的一次請願。他變賣了自己所有的東西,剛好夠償還債務和給妻子留些生活費,但他自己卻又陷入了貧困。

他在倫敦正想方設法向議會提交税務員請願書的時候,結識了本傑明·富蘭克林(Benjamin Franklin),富蘭克林對他頗有好感。結果,他於 1774 年 10 月帶着富蘭克林把他説成是一個"頭腦機靈的好青年"的推薦信,乘船赴美。他一到費城,就開始顯示作家的身手,幾乎馬上成了某家刊物的編輯。

他的處女作是發表於 1775 年 3 月的一篇有説服力的、反對奴隸制和奴隸貿易的論文,不管他的一些美國朋友怎麼説,他始終是奴隸制和奴隸貿易的不妥協的敵人。傑佛遜(Jefferson)把後來被刪掉的那段關於這個問題的話添加在《獨立宣言》的草案中,似乎主要是由於潘恩的影響。 1775年,賓夕法尼亞州還存在奴隸制;《1780 年法令》廢除了該州的奴隸制,人們普遍認為這個法令的序言是潘恩的手筆。

即使潘恩不是第一個擁護美國完全自主的人,也是最早擁護美國完全自主的人之一。 1775 年 10 月,當甚至連後來簽署《獨立宣言》的那些人也希望與英國政府取得某種和解的時候,他寫道:

　　我從來都是毫不猶豫地相信，上帝最終會將美
國和英國分開。把它叫作獨立，或者你願意把它叫
作甚麼都可以，如果它是上帝和人類的事業，它就
會繼續下去。要是上帝賜福給我們，使我們成為只
依賴於祂的民族，那麼就可以用大陸立法的法令來
表達我們最初的感恩，這個法令將制止輸入黑奴進
行販賣，那些黑奴的悲慘命運已得到改善，他們總
有一天會獲得自由。

正是為了自由——擺脫君主政體、貴族統治、奴隸制
以及各種專制——潘恩才投身於美國的事業。

在獨立戰爭最困難的年代裏，他白天從事運動，晚上撰
寫以"常識"為題發表的、令人振奮的宣言。這些都獲得了
巨大的成功，並為戰爭勝利作出了重大的貢獻。在英軍焚燒
了緬因州法爾茅斯和弗吉尼亞州諾福克這兩個城市之後，華
盛頓在致友人的信（1776 年 1 月 31 日）中寫道：

　　除了在《常識》(Common Sense) 這本小冊子中
所包含的正確的學說和無可辯駁的推理之外，又添
加了幾個像在法爾茅斯和諾福克所展現的那種熊
熊燃燒的論證，這些論證會使很多人對脫離英國的
正當行動不再舉棋不定。

這部著作曾是人們議論的話題，現在只有歷史趣味，不
過其中有些詞句仍然給人印象很深。在指出不但對國王不

滿，而且對議會也不滿之後，他説："人類團體中再沒有比下議院更珍惜自己的特權了，因為他們出賣自己的特權。"在那個年頭，否認這種奚落的公正性是不可能的。

這本小冊子中既有贊成共和國的有力論據，又有對君主政體可以防止內戰的理論的成功駁斥。在概述了英國歷史之後，他説："君主政體和世襲制度……使世界血流成河和化為灰燼。這就是上帝之道證明其不好的那種政體形式，與之相伴隨的將是殺戮、流血。"1776 年 12 月，當戰爭向不利的方向逆轉的時候，潘恩出版了一本叫作《危機》(*The Crisis*) 的小冊子，小冊子的開頭這樣寫道：

> 這是考驗人們靈魂的時刻。在這場危機中，只善於夏戰而不善於冬戰的士兵和只能同安樂不能共患難的愛國者會怕為國效勞；但是現在仍然堅持為國效勞的人，應該受到人們的愛戴和感謝。

這篇文章向部隊進行了宣讀，華盛頓也向潘恩表達了"人們意識到你著作的重要性"。在美國，再也沒有其他作家的作品被這麼多人閱讀過，潘恩本來可以用他的筆賺很多的錢，但是他總是完全拒絕接受任何稿酬。獨立戰爭結束時，他在美國受到所有人的尊敬，而他卻仍然一貧如洗；不過，某個州的立法機關通過投票表決撥給他一大筆錢，另一個州的立法機關送給他一座莊園，以便他能夠舒適安逸地度過餘生。人們預期他可以安安穩穩地過取得勝利的革命者所特有的體面生活。他把自己的注意力從政治轉向工程，證明鐵橋的跨度可以比人們從前認為可能的跨度更大。鐵橋把他引到了英國，他在英國受到了伯克（Burke）、波特蘭公爵（Duke of Portland）和其他輝格黨顯要人物的友好接待。他有一座在帕丁頓建造的、龐大的鐵橋模型；傑出的工程師們都讚揚他，看來他可能要作為一個發明家度過他的餘生了。

　　但是，法國和英國一樣，對鐵橋也有興趣。潘恩於1788年訪問巴黎，與拉斐特（Lafayette）商討有關鐵橋的事情，並向科學院遞交了他的計劃，在適當耽擱了一段時間之後，科學院以稱讚的口氣向上級作了呈報。巴士底監獄被攻陷之後，拉斐特決定把巴士底監獄的鑰匙贈送給華盛頓，並把橫渡大西洋轉交鑰匙的任務交給潘恩。但是，潘恩因為他的鐵橋事務離不開歐洲。他給華盛頓寫了一封長信，告訴他說，他會找一個人代替他把"這種早期的專制主義贓物戰利品，和美國原則移植到歐洲後第一批成熟的果實"轉交給他。他接着還說："我絲毫也不懷疑法國革命最終會取得徹底的勝利"，"我建造了一座跨度110英尺、從拱索算起5英尺高的（單拱）橋樑。"

　　潘恩對橋樑的興趣和對革命的興趣一度曾不分伯仲，但後來對革命的興趣漸漸佔了上風。他希望在英國掀起一場共鳴運動，於是就撰寫了《人權論》（*Rights of Man*），他獲得民主主義者的聲譽，主要是靠這本著作。

　　雖然這本著作在反雅各賓（anti-Jacobin）的反動時期被認為極具顛覆性，但現代的讀者會因為它的溫和及通情達理而感到驚訝。這本著作主要是對伯克的答覆，它用相當長的篇幅論述了法國同時代的一些事件。該書第一部於 1791 年出版，第二部於 1792 年 2 月出版；因此，到那時為止還沒有必要為大革命辯解。關於天賦人權，書中幾乎沒有慷慨激昂的言詞，但是關於英國政府卻有許多真知灼見。伯克曾辯稱，1688 年的革命使英國人民永遠順服於《王位繼承法》指定的國王。潘恩辯稱，約束後世是不可能的，憲法應當是能夠時常修改的。

他説，政府"全都可以包括在三個項目裏。第一，迷信。第二，權力。第三，社會的公共利益和人類的共同權利。第一種是僧侶之謀略的政府，第二種是征服者的政府，第三種是理性的政府"。前兩種曾合二為一："聖彼得的鑰匙 [2] 與財政部的鑰匙成了融為一體的東西，受矇騙而又感到驚異的民眾崇拜這種發明物。"然而，這樣籠統的言論很少。該書的主要內容，首先是 1789 年至 1791 年底的法國歷史，其次是英國憲法與法國 1791 年頒佈的憲法的比較，這種比較當然對法國憲法有利。人們應當記得，1791 年法國還是一個君主國。潘恩是一個共和政體的擁護者，他並沒有隱瞞這一事實，不過，他在《人權論》中不太強調這一點。

除了在少數幾個短小的段落之外，潘恩訴諸的是常識。像科貝特（Cobbett）後來所做的那樣，潘恩以應該對財政大臣有吸引力的理由，反對皮特的財政措施；他把小額償債

基金和巨額借款的結合比作叫一個裝着木製假腿的人去抓野兔——人和野兔跑得愈久，他們就離得愈遠。他談到"波特的紙幣領域"——完全是科貝特式的用語。事實上，正是他那些關於財政的著作，使科貝特從前的敵意變成了讚譽。他對於世襲原則的反對，當初曾使伯克和皮特感到驚恐，而現在卻成了甚至包括墨索里尼和希特拉在內的所有政客的共同基礎。他的風格也不總是蠻橫無理的：它敏銳、強勁、坦率，而遠非像他的對手的風格那樣惡言謾罵。

然而，皮特決定通過起訴潘恩和查禁《人權論》來開始其恐怖統治。據他的姪女赫斯特・斯坦諾普夫人（Lady Hester Stanhope）説，他"常説湯姆・潘恩完全是正確的，但接着他會補充説，我該怎麼辦？從目前的情況來看，我要是支持湯姆・潘恩的看法，我們就會有一場血淋淋的革命"。潘恩用蔑視和煽動性的演説回敬起訴。但是九月大屠殺開始了，英國托利黨人的反應愈來愈激烈。詩人布萊克——他比潘恩更老於世故——勸他説，他要是待在英國就會被絞死。於是他就逃往法國，前來逮捕他的警官在倫敦只差幾小時，在多佛爾只差二十分鐘，就能抓到他；在多佛爾，因為他身上正好帶着一封華盛頓最近給他的措辭友善的信，當局就讓他通過了。

儘管當時英國和法國尚未開戰，但多佛爾和加來屬於不同的世界。潘恩曾被選為法蘭西榮譽市民，還曾被三個不同的選區選入國民公會，現在歡迎他的加來，就是這三個選區中的一個。"郵船進港時，軍艦上禮炮轟鳴；沿岸響起一片歡呼聲。當加來的這位議員踏上法國的土地時，士兵們為他夾道護駕，官員們和他擁抱，他們把民族帽章戴在他的頭上"——就這樣通過了美女、市長等一系列法國常規的歡迎儀式。

到了巴黎，他並沒有表現得謹言慎行，而是表現出了更多的公益精神。他希望——儘管發生了大屠殺——發生一場像自己曾在美國幫助發動的那種有秩序的溫和革命。他同吉倫特派成員交朋友，不願把拉斐特（當時正失寵）想得很壞，並且繼續以一個美國人的身分對路易十六在解放美國中所起的作用表達感激之情。他因為自始至終反對處死國王，所以招致雅各賓派的敵視。他先被逐出國民公會，後又作為外國人被投入監獄；在羅伯斯比爾執政期間他身陷囹圄，羅伯斯比爾下台後還被關了幾個月。在這件事情上，法國人只有部分責任；美國公使古費尼爾・莫里斯（Gouverneur Morris）也同樣應當受責備。莫里斯是聯邦主義者，他偏袒英國，反對法國；再加上潘恩在獨立戰爭期間曾揭發他的一個朋友貪贓舞弊，所以莫里斯對潘恩懷有個人夙怨。他堅持說潘恩不是美國人，所以對潘恩無能為力。華盛頓當時正在秘密地與英國議訂《傑伊條約》（Jay's treaty），所以對潘恩處於無法就美國反動輿論開導法國政府的境地，並不感到遺憾。由於偶然的原因，潘恩逃脫了在斷頭台上被斬首的命運，但是他差一點病死。最後，門羅（創立"門羅主義"的那一位）取代了莫里斯，他立即設法使潘恩獲釋，把他接到自己家裏，經過一年半的照料和款待，使他恢復了健康。

潘恩並不知道在他的不幸中莫里斯起了多大的作用，但是他絕不原諒華盛頓。華盛頓去世後，潘恩聽說要為這位偉人製作一尊雕像，就給雕刻的人寫了下面這幾行字：

從礦坑中採出最冷最硬的石頭，
無須加工：它就是華盛頓。
但是如果你要雕琢，可用粗陋的雕法，
並且在他心窩處刻上——忘恩負義。

這封信從未公開過，不過，在 1796 年發表了他給華盛頓的一封充滿怨恨的長信，信的結尾是這樣寫的：

　　至於你，先生，在私人交情上你不忠實（因為你就是這樣對我的，而且是在我危急的日子裏），在公眾場合中又是偽君子，世人將很難判定你究竟是背信者還是江湖騙子，你究竟是拋棄了道義，還是從來就沒有甚麼道義。

在那些只知道傳說中雕像般的華盛頓的人看來，潘恩的這些話似乎是胡言亂語。但是 1796 年是傑佛遜和亞當斯首次競選總統之年，華盛頓不顧亞當斯信奉君主政體和貴族統治，竟然全力支持他；此外，華盛頓當時正偏袒英國，反對法國，並竭盡全力阻止傳播他自己所賴以得到晉升的那些共和與民主的原則。這些社會原因，與個人的極度不滿結合在一起，就說明潘恩的說法並非是沒有理由的。

如果潘恩這個魯莽的人未曾利用其晚年的自由，以文字表達他和傑佛遜以及華盛頓和亞當斯所共同具有的神學觀點（不過，華盛頓和亞當斯都很謹慎，從不公開表達非正統的觀點），那麼，對於華盛頓來說，可能更難任由潘恩入獄受苦。潘恩預料到自己會入獄，於是便着手撰寫《理性時代》（*The Age of Reason*）一書，他在被捕前六小時完成了該書的第一部分。這部書使他的同代人感到震驚，甚至連許多贊同他的政治見解的人也不例外。現今，除了少數幾個品味低俗的段落之外，全書所有內容幾乎都是大部分牧師所贊同的。他在第一章中說：

> "我信仰一個上帝，不可能有兩個或兩個以上的上帝；我希望得到超越現世的幸福。"
> "我信奉人人平等，相信宗教的職責就在於主持正義、愛好憐憫，以及努力使我們的同類幸福。"

這些並不是空話。從他第一次參與公眾事務 —— 他於 1775 年對奴隸制提出抗議 —— 的時候起，直到他去世的那天為止，他始終反對任何形式的殘忍，不管踐行殘忍的是他自己的政黨還是他的敵對者。英國政府當時實行無情的寡頭獨裁，把議會用作降低最貧困階級生活水準的工具；潘恩提倡政治改革是治療這種令人厭惡的弊病的唯一方法，結果不得不逃命。在法國，他因為反對不必要的流血而被投入監獄，而且險些喪命。在美國，他因為反對奴隸制和堅持獨立宣言的原則，而在他最需要美國政府支援的時候，卻被美國政府拋棄了。如果像他所堅持的，也像現在許多人所相信的，真正的宗教就在於"主持正義、愛好憐憫，以及努力使我們的同類幸福"，那麼，在他的敵對者當中沒有一個人有權要求別人把他看作是一個宗教徒。

　　《理性時代》的大部分篇幅用於從道德的觀點出發批判《舊約全書》。現在很少有人會把《摩西五經》和《約書亞記》中所記載的屠殺男女老少的做法看作是正義的典範，但是在潘恩的時代，當《舊約全書》稱讚以色列人的時候，批評他們被認為是邪惡的。許多虔誠的神學家寫文章答覆潘恩，其中最隨便的要數蘭達夫（Llandaff）的主教，他竟承認《摩西五經》有些部分不是摩西寫的，《詩篇》中有些部分也不是大衛寫的。因為這種讓步，他遭到了喬治三世的敵視，永遠失去了調到殷富教區任職的機會。這位主教給潘恩的答覆，有些稀奇古怪。例如，《理性時代》大膽地懷疑上帝是否真的下過這樣的指示：應當把米甸人的男人和已婚婦女全部殺了，而未婚女子，則應當讓其存活下去[3]。這位主教憤怒地反駁說，讓未婚女子存活並不是像潘恩暗示的那樣邪惡，出於不道德的目的，而是為了讓她們做奴婢，這在倫理上是無可非議的。我們這個時代的正統者忘記了一百四十年前正統是個甚麼樣子。他們忘得更加乾淨的是：正是像潘恩這樣的人，不管迫害，使教條變得溫和，我們的時代才因此而

3　見《聖經・民數記》第三十一章第十七、十八節。── 譯者註

受益。甚至教友派信徒也拒絕潘恩想把自己葬在他們的公墓裏的要求，雖然在給他送葬的寥寥數人中有一個農民也是教友派信徒。

《理性時代》以後，潘恩的著作已不再重要。很長一段時間，他身患重病；康復後，他在督政府和第一執政官統治下的法國已無用武之地。拿破崙並沒有虐待他，但是當然也不喜歡他，除非他是英國民主主義反叛的可能動因。他開始思念起美國來了，回想起了自己以前在那個國家獲得的成功和聲望，希望幫助傑佛遜派反對聯邦黨人。但是他害怕被英國人逮捕，要是被捕的話，他們一定會判處他絞刑，所以他在法國一直蟄居到《亞眠條約》（Treaty of Amiens）簽訂為止。1802 年 10 月，他終於在巴爾的摩（Baltimore）登陸，馬上寫信給（當時的總統）傑佛遜說：

> 我經過 60 天的航行，於星期六從哈佛到達這裏。我有幾箱模型、輪子等東西，等我能夠從船上取到這幾箱東西並將它們送上赴喬治頓的郵船以後，我將立即動身去拜望你。你深懷感激之情的同胞，
>
> 托馬斯·潘恩

他確信，除了像聯邦黨人那種人以外，他所有的老朋友都會歡迎他。但是有一個困難：傑佛遜為競選總統而進行艱苦的鬥爭，在競選運動中反對他的最有效武器 —— 所有教派的牧師都肆無忌憚地使用這一武器 —— 就是譴責他沒

有宗教信仰。他的競選對手誇大他與潘恩的密切關係,把他們倆叫作"一對湯姆"(the two Toms)。二十年後,傑佛遜對他同胞的這種偏執態度,仍然印象非常深刻,以至於他在答覆一個想發表他的一封信的獨神論派牧師時說:"不要發表,我親愛的先生,絕對不要發表!⋯⋯我與其向信奉亞大納西教義的人反覆灌輸理性,還不如教瘋人院裏的瘋子正確地理解事物⋯⋯因此,不要把我推到加爾文(Calvin)和他的犧牲者塞爾維特[4]的柴與火上。"當塞爾維特的命運威脅傑佛遜及其政治追隨者的時候,他們便避免與潘恩交往過密,這是不足為奇的。潘恩受到禮遇,沒有理由抱怨,但是舊日莫逆的友誼卻死滅了。

在其他圈子裏,潘恩的處境更糟。費城的拉什博士(Dr Rush)是他最早的美國朋友之一,根本就不與他來往。拉什寫道:"他在《理性時代》中所說的那些原則,我覺得很討厭,所以我不願意再和他交往。"他的鄰居圍攻他,並且不讓他乘坐公共馬車;在他去世前三年中,不許他參加選舉,所謂的理由是他是外國人。有人誣告他道德敗壞,驕奢放縱,他的最後幾年是在孤獨和貧困中度過的。他死於1809年。在他彌留之際,有兩個牧師闖入他的房間,試圖勸他改變信仰,但他只是說了句:"不要管我,再見!"然而,正統派卻捏造出他臨終承認錯誤這一廣為流傳的神話。

4　塞爾維特(Michael Servetus, 1511-1553),西班牙醫學家和神學家,因犯異端罪而被處以火刑。—— 譯者註

　　他身後的名聲，在英國要比在美國大。當然，出版他的著作是犯法的，但是他的著作還是屢次三番地被人出版，雖然許多人曾為此而坐牢。最後一次被控告犯這條罪的是1819年的理查・卡萊爾（Richard Carlile）夫婦：丈夫被判三年監禁，罰款1500英鎊；妻子被判一年監禁，罰款500英鎊。就在這一年，科貝特把潘恩的遺骨帶到了英國，並確立了他作為一位在英國為民主而戰鬥的英雄的聲譽。然而，科貝特並沒有為他的遺骨找到永久的安息之地。蒙丘爾・康韋（Moncure Conway）[5] 説："科貝特打算建造的紀念碑從來也沒有樹立起來過。"議會和市政府出現了很大的騷動。博爾頓一名公告傳報員，因為宣佈遺骨的到達而被關押九個星期。1836年，遺骨以及科貝特的財產轉到了一位破產案產業管理人（韋斯特）手裏。大法官不承認這些東西是財產，於是一直到1844年為止，這些東西都由一個打散工的老人保管，爾後它們又轉到了倫敦貝德福德廣場13號的一個傢俱商B.蒂利手裏……。1854年，R.安斯利牧師（獨神論派）告訴E.特魯拉弗説，他有"托馬斯・潘恩的顱骨和右手"，但後來當人們追問他時，他卻避而不答。現在，甚至連顱骨和右手也不知去向了。

　　潘恩在世界上的影響是雙重的。在美國革命期間，他曾激起人們的熱情和信心，因而對促進勝利起了很大的作用。

5　他撰寫的潘恩傳和由他編輯的潘恩著作，是堅忍的獻身精神和謹慎調查研究的典範。　——作者註

　　他在法國的聲望是短暫而表面的，但是在英國，他卻引起了平民激進派對皮特和利物浦長期暴虐統治的頑強反抗。比如，他對《聖經》的看法雖然比他的上帝一位論更使他的同代人感到震驚，卻是現在大主教所可能持有的看法，但他的真正追隨者卻是投身於他所發起的那個運動的那些人——被皮特投入監獄的那些人、受六個法令迫害的那些人、歐文主義者、憲章運動者、工聯主義者和社會主義者。他為所有那些受壓迫的鬥士樹立了一個勇敢、仁慈和專一的榜樣。一旦涉及公眾問題，他就忘記了個人的謹慎。就像在這種情況下通常會發生的那樣，因為他缺乏追逐私利的精神，現實生活就決定懲罰他；要是他的性格不那麼慷慨豁達的話，他得到的聲譽會比今天更高。即使要得到所缺乏的讚揚，也需要有某種處世的本領。

第八章

正派人 [1]

　　我打算寫一篇讚揚正派人（nice people）的文章。但是讀者可能首先想知道甚麼樣的人才算是我所認為的正派人。要説出正派人的基本品質，恐怕有點難，所以我一開始就要列舉屬於正派人的某些類型。未婚的姑媽、姨媽總是正派的，當然，她們要是有錢，那就更是如此；牧師是正派的，除非發生牧師假裝自殺後便帶着唱詩班的成員逃往南非這種罕見的事情。我很抱歉地説，現在的少女很少是正派的。在我年輕的時候，大多數少女都十分正派；也就是説，她們與她們的母親有同樣的看法，這不僅是指有關各種論題的看法，而且更值得注意的是有關個人，甚至是有關青年男子的看法。她們在恰當的時候説"是的，媽媽"或"不是，媽媽"；她們愛她們的父親，因為這樣做是她們的責任；她們愛她們的母親，因為她使她們不會做出一丁點兒不正當的行為。訂婚後，她們就喜歡上了溫文爾雅；結婚後，她們就承認，愛自己的丈夫是一項責任，但她們卻告訴其他婦女説，這是一項她們很難負的責任。她們孝敬公婆，並且使人們明白，任何不太守本分的人都不會這樣做；她們不惡語中傷別的婦

1　最初發表於 1931 年。 —— 作者註

女，但是她們通過嘅嘴這種方式來讓人們明白，要不是她們有一顆天使般仁慈的心，她們會說出甚麼樣的話來。這種類型的人就是所謂的高尚而貞潔的婦女。哎呀，這類人，除了在老年人中，現在幾乎絕跡了。

幸虧遺老們仍然擁有很大的權力：他們控制教育，在教育領域中，不是毫無成效地努力維護維多利亞時代的偽善標準；他們控制所謂"道德問題"的立法，因而創造並資助了販賣私酒這個龐大的行業；他們保證為報紙撰稿的年輕人會表達正派老婦人的意見，而不是他們自己的意見，從而擴大年輕人的風格的範圍和增大他們心理想像的變化。他們使許多的快樂持續存在，否則這些快樂會因膩煩而很快結束。比如，聽到舞台上有人說髒話的快樂，或看到舞台上比習俗許可稍微多一點的裸露肉體的快樂。最主要的是，他們使追獵的快樂經久不衰。在同族的農村居民中，比如說，在英國某郡的居民中，獵狐的人受到譴責；這項活動是費錢的，有時甚至是危險的。再說，狐狸也不能很清楚地說明自己多麼不喜歡被追獵。從所有這些方面來看，追獵人倒是一種更好的遊戲，但要是沒有正派人的話，那麼就會很難問心無愧地追獵人。正派人所譴責的那些人，就是准許追捕的獵物；當正派人發出"呔呵！"這種嗾狗聲時，狩獵隊便聚集起來，受害者就遭到追捕，或被囚禁，或被獵殺。如果受害者是婦女，那麼追獵就是特別好的遊戲，因為這能滿足女人的嫉妒心和男人的施虐慾。我認識一位現正僑居英國的外國婦女，她與一個她所愛的、同時也愛她的男子結合，他們的結合儘管超出法律管轄的範圍，但他們卻很幸福；不幸的是，她的政治觀點並不像別人所希望的那樣保守，但這只是觀點而已，並不見諸行動。但是，正派人卻利用這種藉口嗾使倫敦警察廳跟蹤追獵，她即將被遣送回國去挨餓。在英國，就像在美國一樣，外國人是一些影響人們道德墮落的人，我們都得感激警察的關愛，他們設法只讓道德特別高尚的僑民住在我們中間。

儘管在正派人當中婦女當然比男人多得多，我們卻切不可認為所有正派人都是婦女。除了牧師，還有許多其他正派男子，比如那些曾經賺得一大筆財產而現在退出商界、散財賑濟的人；地方行政官也幾乎總是正派男子。但是，我們不能說，凡是維護法律和秩序的人都是正派男子。我年輕的時候，記得聽到一個正派婦女提出一個反對死刑的論點：劊子手幾乎都不是正派男子。我本人從來就不認識任何劊子手，因而我無法根據經驗來檢驗這個論點。不過，我倒認識一位夫人，她在火車上遇到一個人，卻不知道他是劊子手。當時天氣很冷，她把毛毯遞給他時，他說："哦，夫人，你要是知道我是誰，你就不會把毛毯給我了。"這句話似乎表明，他畢竟還是個正派男子。但是，這肯定是個例外。狄更斯的《巴納比·拉奇》(Barnaby Rudge) 中的劊子手也許更有典型性，他顯然不是個正派男子。

但是，我認為我們不應當同意我剛才談到的那位正派婦女的說法，即僅僅因為劊子手不可能是正派的就譴責死刑。要成為正派人就必須被保護起來，不與現實發生赤裸裸的接觸，而且我們也不能指望進行保護的那些人享有他們所維護的那種正派性。例如，假想一條載有一些有色人種勞工的客船失事了，首先要救坐頭等艙的女乘客，她們大概都是正派婦女，但是為了使這種情況可以發生，就得有一些男子阻止有色人種勞工把救生艇擠沉，而這些男子用正派的方法是不太可能取得成功的。那些得救的婦女一旦安然脫險，就會開始為溺水身亡的可憐勞工感到惋惜，但是只有保護她們的那些粗魯男子才使她們的惻隱之心成為可能。

一般說來，正派人都委託傭工來維護世界的治安，因為他們覺得，這項工作並不是十分正派的人想要從事的那種工作。不過，有一個部門，正派人不會委託他人擔任，那就是背後中傷和惡意誹謗的部門。我們能夠根據人們的語言能力，把他們置於正派性的等級制度中。如果甲說乙的壞話，乙也說甲的壞話，那麼，他們生活於其中的社會一般會認為，他們中的一人是在履行社會職責，而另一個人則為惡意所驅使；履行社會職責的人就是兩人中比較正派的一個。因此，比如說，學校的女校長比助理女教師更正派，而校董事會的女董事又比她們倆更正派。針對性很強的閒聊，很容易使其受害者丟掉飯碗，而且即使沒有產生這種極端的後果，也會使人淪為賤民。因此，這是一種強大的向善力量，而且我們應該感到欣慰，因為支配這種力量的是正派人。

改善現實這種值得稱讚的實踐乃是正派人的主要特徵。上帝創造了世界，但是正派人覺得，如果由他們來做的話，他們能把這項工作做得更好。在上帝的創造物中有許多事物，雖然希望它們是另一個樣子是褻瀆神聖，但提及上帝的創造物也絕不是正派的事情。神學家們認為，要是吾類的始祖沒有偷吃禁果，那麼人類就會像吉本說的那樣過着天真無知的無性繁殖[2]生活。在這方面，上帝的計劃當然是神秘的。像上面提到的神學家那樣把這種計劃看作是對罪孽的懲罰，固然很好，但是這種觀點的麻煩是，這對正派人來說可能是一種懲罰，哎呀，其他人卻覺得它相當合意。由此看來好像懲罰施加得不是地方。正派人的主要目的之一是糾正這種無疑是無意中做出的不公正行為。他們努力確保生物學上所規定的無性繁殖方式將偷偷摸摸且冷漠呆板地被實踐，並確保一旦那些暗地裏實踐這種無性繁殖方式的人被發現了，正派人就會控制他們，以防自己受到誹謗的傷害。他們還努力確保人們盡可能少地通過正當途徑了解這方面情況；除非相關的書籍和戲劇把這件事描寫成竊笑的淫猥場合，否則就盡可能說服檢查官查禁這些作品；在這方面，每當他們控制了法律和警察，就總能成功。不知道主為甚麼把人體造成現在這個樣子，因為人們肯定會認為，全能的神本來能夠把人體造得不令正派人震驚。但是，也許有充足的理由。在英國，自從蘭開夏郡的紡織工業興起以後，傳教士和棉花貿易之間一直有一種緊密的聯盟，因為傳教士教導野蠻人要把人體遮掩起來，因而增加了對於棉織品的需求。假如關於人體沒有甚麼可害羞的，那麼紡織業就會失去這種盈利來源。

2　原文為 mode of vegetation。──編者註

這個例子說明我們不必害怕美德的傳播會減少我們的收益。

　　誰發明"赤裸裸的事實"這個詞，誰就看到了一種重要的聯繫。這裏的"赤裸裸"使一切正直的人震驚，"事實"也是如此。你跟哪個部門有關，這無關緊要；不久你就會發現，"事實"是那種正派人不讓進入他們意識中的東西。每當出庭旁聽審理我掌有某些一手資料的案件時，都是我的厄運，這樣的一個事實使我震驚：不允許赤裸裸的事實進入那些威嚴的大門。進入法庭的不是赤裸裸的事實，而是穿着宮廷禮服的事實，它所有不太體面的部分全都遮蓋起來了。我並不是說這適用於像謀殺或偷盜這種直白的罪行的審判，而是說它適用於一切含有偏見成分的審判，例如政治性審判，或對猥褻淫穢事件的審判。我認為，英國在這方面比美國更糟，因為英國近乎無形和半無意識地以正派感控制了一切不順眼的東西，並已達到了十全十美的地步。如果你要想在法庭上提出任何不可接受的事實，那麼你就會發現，這樣做是違反證據法的，不但法官和對方的律師會反對，而且你自己一方的律師也會阻止你把這種事實說出來。

　　由於正派人的情感，同一類的不真實性也瀰漫在政治中。如果你試圖使任何一個正派人相信，他自己黨派的某個政客是個跟芸芸眾生一樣的普通凡人，那麼他就會憤怒地拒絕接受這一意見。因此，政客就有必要表現得白璧無瑕。在大多數情況下，所有黨派的政客們都心照不宣地聯合起來，不讓外界知道有損於同行的任何事情，因為黨派的差異通常會使政客們發生分歧，但同行的統一更能使他們團結起來。

這樣，正派人就能維持他們想像中民族偉人的形象，就能使學童們相信，只有最高尚美德的人才能成為卓越的人。誠然，在某些特殊的情況下，政治確實是令人痛苦的，任何時候都有被認為人格不夠高尚以至不能參加非正式工會的政客。例如，帕內爾最初被控告參與謀殺，但判罪不成立，後來卻被成功判決犯了有傷風化罪，當然，控告他的人做夢也不曾想過他會犯這樣的罪。在我們所處的時代，歐洲共產主義者、美國的極端激進派與工運鼓動家不在正派人的範圍之內；大部分正派人都不欣賞他們，他們要是違反了傳統法規就不可能期望得到寬恕。這樣，正派人堅定不移的道德信念就與財產的保護聯繫在一起了，因而再次證明了它們具有不可估量的價值。

　　每當正派人看到快樂時，他們總是有理由對快樂表示懷疑。他們知道，增加智慧的人也增加煩惱，於是他們就推斷出：增加煩惱的人也增加智慧。因此，他們覺得，他們傳播煩惱也就是傳播智慧；因為智慧比紅寶石還寶貴，所以他們覺得這樣做是造福人類，是有道理的。例如，他們為了使自己相信他們是樂善好施的，會為孩子們建造一個公共遊樂場，接着他們會為遊樂場制定許多的使用規則，以至於沒有一個孩子在那裏能像在大街上那樣玩得痛快。他們會竭力阻止遊樂場、戲院等星期日開放，因為那一天是人們可以享樂的日子。他們盡可能阻止他們僱用的年輕婦女同年輕男子交談。我所認識的最正派的人還把這種態度帶到家庭生活中，他們只允許他們的孩子玩具教育意義的遊戲。但是很遺憾，這種程度的正派正在變得不如過去般常見。從前孩子們受的教育是：

> 祂（上帝）的萬能法杖一揮
> 就能迅即將年輕的罪人發送到地獄。

他們認為，如果孩子變得愛吵鬧，或者沉迷於任何使他們不能勝任牧師工作的活動，那麼上述情況就有可能發生。以這種觀點為基礎的教育，在關於如何造就正派人的非常有價值的著作《費爾柴爾德家族》（*The Fairchild Family*）中作了闡述。但是，我知道現在幾乎沒有一個父母是按這種高標準來教育子女的。希望孩子過得快樂的想法已經普遍得令人擔憂，人們可能是擔心，根據這些放縱原則教育出來的那些人，長大以後不會對快樂表現出適當的恐懼。

我擔心，正派人的時代快將結束；兩件事正在置該時代於死地：第一件是相信快樂無害，只要別人都沒有因為你的快樂而遭殃；第二件是厭惡欺騙，這種厭惡既是道德上的，也是美學上的。當各國的正派人都牢牢地控制着一切，並以最高尚的道德名義誘使青年人互相殘殺時，這兩種反叛都受到戰爭的鼓勵。戰爭一結束，倖存者就開始懷疑：由仇恨引起的謊言和苦難是否構成最高尚的美德。恐怕要過一段時間，才能再次勸誘他們接受這一完全崇高的道德說教。

正派人的本質是：他們痛恨傾向合作的生活，痛恨孩子們的吵鬧，尤其是痛恨性生活，對此他們備受困擾，因此他們憎恨生活。總而言之，正派人是那些思想卑鄙骯髒的人。

第九章

新的一代

　　這篇文章是羅素為《新的一代》[1] 一書所寫的導言，該書收載了許多著名心理學家和社會科學研究者的文章。關於羅素在蘇聯唯獨"政府不受道德偏見和宗教偏見的控制"的評論，應當強調的是，這是 1930 年寫的。在史太林統治的後期，他放棄了建立合理的性道德法規的一切嘗試，這個領域裏的立法甚至可能比西方國家更壓抑、更清教徒式。早在 1920 年，羅素本人就預言了這種發展的可能性。

　　在以下這幾頁文字中，在有關的各個領域作過專門研究的撰稿者談到了影響兒童福利和兒童與父母的關係的各門學科。作為這些論文的導言，我打算考慮新知識的途徑改變了，而且現在更有可能改變傳統生物學關係的那種方法。我不僅，甚至主要也不是，在思考知識有意造成的和預期要取得的效果，而且還更仔細地思考作為產生那種最奇特的和意想不到的非預期結果的一種自然力的知識。我深信，詹姆斯·瓦特（James Watt）並不想建立母權制家庭；但由於他使男人們睡覺的地方遠離他們工作地點成為可能，他對我們大多

1　London: George Allen & Unwin Ltd. —— 作者註

數城市居民起了這種作用。在現代的郊區家庭中，父親的地位非常低微——尤其是如果他打高爾夫球的話，而他通常都打高爾夫球。有點兒難以理解的是，當他負擔子女費用時他在換取甚麼呢，要是沒有傳統，我們可以懷疑他是否會把子女當作一筆有利的交易。處於鼎盛時期的父權制家庭給了男人巨大利益：它給了他確保他晚年能得到贍養並保衛他以反對其眾多敵人的兒子。現在，在那些人們靠投資或積蓄生活的所有階層中，不管父子二人能活得多久，兒子在財政上永遠不會對父親有甚麼好處。

新知識是經濟變化和心理變化的原因，而這些變化使我們的時代變得既困難又有趣。從前人類受自然的支配：受那種與氣候和穀物豐產有關的、無生命的自然的支配，受那種與令人類生殖和鬥爭的這種盲目衝動有關的人性的支配。宗教利用由此產生的這種無能為力的感覺，把恐懼變成本分，把順從變成美德。現代人的看法則不同，而迄今為止，這種人只是存在於少數幾個實例中。對現代人來說，物質世界不是可以懷着感恩的心情或伴隨着虔誠的祈求而接受的材料；它是現代人進行科學操作的原料。沙漠是必須把水引進的地方，瘴氣瀰漫的沼澤地是必須把水排出去的地方。不允許這兩種地方繼續保持與人為敵的自然狀態，因此我們在與物性鬥爭時，不再需要上帝去幫我們戰勝撒旦。也許到目前為止我們還不太意識到，在人性方面也已開始產生基本上類似的變化。已經變得清楚的是，儘管個人有意識地改變自己的性格可能是困難的，但是如果允許有本事的心理學家自由地與兒童交往，他就能夠像加利福尼亞人控制沙漠一樣自由地控制人性。製造罪惡的已不再是撒旦，而是分泌失調的腺體和不明智的調節。

說到這裏，讀者也許想知道罪惡的定義，但是，這並不困難；罪惡是控制教育的人所厭惡的東西。

必須承認，這種局勢賦予掌握科學力量的人新的重任。迄今為止，人類之所以能存活下來，是因為不管他們的目標是多麼愚蠢，他們並沒有達到這些目標所需要的知識。由於正在獲得這種知識，更大程度的智慧（此前被視為生命的終結），正在成為人們迫切需要的東西。但是在我們這個混亂困惑的時代，到哪裏去尋找這種智慧呢？

上述這些一般性的看法旨在暗示：我們一切的創設，甚至與過去常常被稱之為本能的東西有最密切關係的那些創設，在不久的將來必然會變得比以往或現在謹慎和清醒得多，而且這肯定尤其適用於孩子的出生和對孩子的教養。新方法可能比舊方法好，也很可能比舊方法更壞。但是我們時代的新知識被如此急速地推入到了傳統行為的機制中，以至舊的模式無法繼續存在，而新的模式，不管好壞，成了人們迫切需要的東西。

家庭是從非專門化的往昔存留下來的，那時男子自己做靴子，自己烤麵包。現在，男子的活動已經超越了這個階段，但是衞道之士卻認為女子的活動中不應當有同樣的變化。與孩子打交道是需要專門知識和適當環境的一項專門活動。在家裏教養孩子，也像用手紡車紡紗一樣，很不經濟。隨着知識的增長，愈來愈多的孩子教養科目必須從家裏轉移出去。在家裏生小孩已經不常見了。現在孩子生病已不用簡單的傳統辦法治療，這種辦法曾害死過祖輩的許多孩子。孩子不再是在其母親膝下，而是在主日學校裏學習祈禱。拔牙也不是像我小時候那樣，用一根線，把線一頭繫在牙齒上，一頭繫在門把手上，然後把門猛地一關。醫學知識佔兒童生活的一部分，衛生知識佔據另一部分，兒童心理學佔據第三部分。最後，心煩意亂的母親認為這是倒楣的事，於是就撒手不管，而且在戀母情結的威脅下，開始感到自己一切出於天性的愛都帶有罪惡的味道。

變化的主要原因之一是出生和死亡的減少。幸虧是這兩者同時減少；因為如果這兩者中任何一個出現減少而另一個卻沒有減少，那麼結果就會是災難。世界各國政府和靠人類的痛苦和無能來維護其影響的教會同流合污，竭盡所能製造這種災難，因為它們一直試圖阻止與死亡率下降相關的出生率的下降。然而，幸運的是，就人類而言，在這方面，個人的自私已證明是比集體的愚蠢更加強而有力。

現代家庭子女的減少使父母對子女的價值產生了一種新的認識。只有兩個孩子的父母希望這兩個孩子一個也不死，但是在有十個或十五個孩子的舊式家庭中，可能有一半孩子會成為照顧不周的犧牲品，而父母卻不會覺得有甚麼大的不安。現代科學對兒童的照料與現代家庭子女數目的減少有密切關係。

同時，這種變化使家庭成了不太適合於兒童的心理環境和不太吸引婦女的職業。生養十五個孩子而死去一大半，這無疑是一個令人不快的終身事業，但不管怎麼說，它幾乎沒有給自我實現留下閒暇。另一方面，生養兩三個孩子就不會使人覺得是一個需要付出畢生精力的終身事業，但是只要舊式家庭受到保護，它就會嚴重妨礙其他職業。因此孩子愈少，人們就愈覺得孩子是個負擔。

現在，因為房租昂貴，大多數城市居民都住在狹窄的環境中，家通常確實是不適宜於兒童的環境。在苗圃培育樹苗的人，為樹苗提供合適的土壤、充足的陽光和空氣、適當的空間、適宜的比鄰。他並不試圖在各別的地窖裏一棵一棵地培育樹。但是，只要孩子們仍然待在現代都市的家中，那就不得不對他們做那樣的事情。兒童也像樹苗一樣，需要他們自己的那種土壤、陽光、空氣和比鄰。兒童應該住在鄉下，在那裏他們可以享有自由而不受刺激。在都市狹小的公寓房間裏，心理氣氛也像物質環境一樣糟。就拿噪音這個問題來說吧，我們不能希冀忙碌的成年人忍受周圍不停的喧鬧聲，但叫孩子不要吵鬧卻是一種激怒孩子從而導致嚴重的道德過失的殘忍做法。不准孩子打破東西差不多也是同樣的事情。如果一個男孩爬上廚房的架子，打碎了所有瓷器，那麼他的父母是很少會十分高興的。然而他的這種活動對他的身體發育是絕對必要的。在為兒童營造的環境中，不必制止這種自然和健康的衝動。

影響家庭的各種科學變化和經濟變化，必然引起父母看法上的心理變化。隨着安全感的增強，個人主義也不可避免地膨脹起來了。過去限制個人主義的是恐懼和對於互相合作的需要。一羣處於印第安人包圍中的移民，必然有強烈的集體觀念，因為不然的話就會被消滅。現在，安全不是由自願的合作而是由政府所提供，所以任何人都能在他個人支配的那部分生活中實行個人主義，家庭關係尤其如此。男人在對孩子的照料中只是起點經濟的作用，而且如有必要，法律會迫使他履行經濟上的義務，所以履行這種義務幾乎不需要他有甚麼個人責任感。女人，如果她精力充沛而且聰慧的話，有可能會感到留給她的那些不完全的、做母親的職責，算不上是甚麼職業，由於這些職責大部分可以由專家履行得更科學，情形就更是如此。要不是男人有一種纏綿的感情，總喜歡妻子在經濟上依賴他們，這種感覺會產生更加廣泛得多的作用。但是，這是從比較古老的時代遺留下來的一種感情；它已經很弱，很可能不久就會消失。

所有這些發展減少了使人們避免離婚的原因。隨着離婚變得更加頻繁、更加隨便，家庭更進一步受到削弱，因為事實上離婚通常導致孩子只有父親或者只有母親。

由於所有這些原因以及沃森博士在文章中提出的其他原因[2]，不管怎樣，作為一個單位的家庭似乎不可避免地會日益消亡，不會讓任何集團將其權威置於個人與政府之間。這並不那麼適用於有錢人，他們可以繼續委託專門的托兒所、

2　羅素這裏指的是 *The New Generation* 中所載沃森（Watson）的文章 'After the Family —— What?'。 —— 作者註

學校、醫生以及一切收費昂貴的私人機構;但是,對於靠工資為生的人來說,這種個人主義所需的費用是使人不敢問津的。說到他們的孩子,凡是父母不再履行的職責,不可避免地應當由政府來承擔。因此,對於絕大多數人來說,不是要在父母的照料與父母選擇的專家的照料之間,而是要在父母與政府之間作出抉擇。

這種前景使所有懂得以現代科學態度對待兒童的人承擔重大的宣傳責任。現在的政府,除俄國外,為道德的和宗教的偏見所控制,這些偏見使政府完全不能以科學的態度對待兒童。我建議讀者仔細地讀一下諸如本書中哈夫洛克·艾理斯[3]和菲利斯·布蘭查德[4]的文章。每個公正的讀者都應該認識到,只要政客仍然尊重傳統的倫理和神學,這些文章中所提倡的方法就不會被由政府所控制的任何機構採用。例如,紐約州官方依然認為,手淫會引起精神錯亂,反駁這種看法的政客顯然不可能不因此而斷送自己的前程。因此,除了瘋人院或弱智人士收容所外,不能指望任何政府機構會科學地對待手淫這問題。只允許瘋人院這樣的機構採取適當的方法,因為瘋子和白癡被認為是不負有道德責任的,這種情況是不合情理的。人們最好還是制定這樣一條法律:只有廉價車才能修理,而豪華車得用鞭子抽,或者得請牧師對其進行佈道。那些預料國立兒童教育機構將來會大有發

3　Havelock Ellis: *Perversion in Childhood and Adolescence.* —— 作者註
4　Phyllis Blanchard: *Obscenity in Children.* —— 作者註

展的人，一般都料想他們自己或他們的朋友會成為這種機構的首領，這當然是一種不切實際的幻想。因為管理這類重要的機構總會酬以相當高的薪水，所以，這種機構的主要負責人顯然通常都會是某個著名政客的未婚姑母或姨母。孩子們將會在她高尚的激勵下，學習禱告，崇敬十字架和國旗，手淫後感到極度悔恨，以及聽到其他孩子談論嬰兒是從何而來時深感驚恐。雖然教育機構在經濟上已適應機器時代，但是這種心靈上的奴役可能會延續無數世代，而且由於許多背叛科學的科學家願意在使年輕人拒斥一切理性態度方面予以幫助，這種奴役就會延續得更久。最後甚至有可能終止節育的做法，在這種情況下，由於現代醫學的功效，必須大大地增強戰爭的頻繁度和兇殘性以處理過剩的人口。

由於這樣一些原因，政府如果想要獲得這麼大的權力，那麼就必須變得開明。政府不會自行這麼做；只有在大多數國民不再堅決要求保護古代迷信的時候，它才會這樣做。大多數開明人士都生活在幻想的世界裏，與他們的朋友交往，並且幻想如今只有極少數怪人才是不開明的。對於所有無論對兒童養育問題還是對其他任何問題持有理性觀點的人而言，有一點兒權術政治的經驗，更多一點兒涉及所謂道德問題的法律實施的經驗，都是非常有好處的。我堅信，對理性主義作通俗的廣泛宣傳，比俄國以外的大多數理性主義者所認為的要重要得多。

假定家庭已經解體，而且在理性指導下建立了國立兒童教育機構，人們可能就會發現必須進一步用規章制度來代替本能。婦女習慣於節育和不被允許養兒育女，往往會不想忍受懷孕的不適和分娩的痛苦。因此，為了使人口不下降，可能必須使生育成為一種高薪職業，當然不是由所有婦女，或者甚至不是由大多數婦女從事這種職業，而只是由佔一定百分比，從畜牧業的觀點來看大概必須體格檢查合格的婦女來從事這種職業。至於應該對男性施行何種檢查，他們應在男性人口中佔多少比例，則是尚未要求我們解決的問題。不過，保證足夠出生人數的問題可能很快就會變得尖銳起來，因為出生率不斷下降，不久必然會導致人口，或者至少是壯年人口的銳減 —— 如果醫學能成功使大多數人活到一百歲的話，那麼社會利益的獲得就會成問題。

在處理兒童的問題上，人類可望從理性心理學獲得的利益幾乎是無限的。當然，最重要的是性方面。孩子們被教會了以迷信的態度對待人體的某些器官、某些言辭和思想、某幾種天性促使他們進行的遊戲。結果是當他們成為成年人之後，在一切有關愛情的問題上顯得拘謹呆板，局促尷尬。在整個英語世界裏，多數人還在托兒所時就被弄得不可能有美滿的婚姻。沒有任何成人活動是孩子們不能通過遊戲為之作好準備的，或者說，對於成年人的這種活動，人們希望能從絕對忌諱一下子變成能完全勝任。

罪惡感支配着許多兒童和青年，而且常常會延續到晚年，是一種不幸和不能起任何有益作用的那種扭曲的根源，它幾乎完全是由性領域中的傳統道德教育造成的。認為性是邪惡的這種看法使愉快的戀愛成為不可能的事情，使男子鄙視與他交往的婦女，並且使他們常常有對她們進行虐待的衝動。再說，性衝動受壓抑時強加於它的那種迂迴，使它採取充滿柔情的友誼或宗教熱情等等的形式，從而造成理智真誠的缺乏，這對智力和現實感非常不利。殘忍、愚蠢、不能與人和睦相處，以及其他許多缺點，在大多數情況下，其根源就在於兒童時代所受的道德教育。用最簡單明瞭、最直截了當的話說：性活動中沒有甚麼壞事，這方面的傳統態度是病態的。我相信，在我們的社會中，沒有其他任何一種邪惡是人類苦難如此有效力的源泉，因為它不但直接造成一大批邪惡，而且還抑制仁慈和人類的感情，這種感情可以使人們糾正其他可補救的那些折磨人類的經濟上、政治上和種族上的邪惡。

　　由於這些原因，傳播兒童心理學的知識和合理態度的書籍，是非常需要的。在我們的時代，有一種日益增強的政府力量與日益減弱的迷信力量之間的競爭。政府力量的增強似乎是不可避免的，就像我們在兒童的問題上所看到的那樣。但是，如果政府力量增強到超過某一限度，而迷信依然支配着大多數人，那麼，反對迷信的少數派就會受政府宣傳機構的排擠，進一步抗議在每一個民主國家中就會變得不可能。我們的社會正在變得如此緊密地結合在一起，以至任何一方面的改革都與所有其他方面的改革有密切關係，任何問題都不可能孤立地得到適當的處理。但是我認為，我們的時代對待兒童比以往任何時代都和善，如果人們逐漸懂得傳統的道德教育是青年遭受痛苦的原因，我們就可以希望出現這

樣一種要求，即要求用某種更加和善，同時也更科學的東西
來取代它。

第 十 章

我們的性道德 [1]

I

許多人，也許大多數人，對性的看法，仍然比對人生其他要素的看法更不合理。殺戮、瘟疫、精神錯亂、黃金和寶石——實際上，所有那些乃是熱切渴望或恐懼的東西——從前是被人們透過一層魔法或神話般的雲霧去看待；但是現在，除個別情況外，理性的陽光已把雲霧驅散。剩下最濃重的烏雲飄浮在性的領域裏，這也許是很自然的，因為性關係到大多數人生活中最容易動感情的那部分。

但是，現代世界的情況在促使公眾對性的態度發生變化，這一點正在變得明顯起來。至於這將產生甚麼變化，或哪些變化，誰也不可能斷言；但是關注現在起作用的一些力量，探討它們可能在社會結構方面產生的結果，還是可能的。

就人性而言，不能說建立一個在婚姻之外幾乎不存在性交的社會是不可能的。但是，現代生活使產生這種結果的必要條件成為幾乎是不可能達到的。那麼，讓我們看看這些條件是甚麼。

1　最初發表於 1936 年。——作者註

　　對實行一夫一妻制影響最大的因素，是定居在人口不多的地區。如果一個男子很少有機會離開家，除了他的妻子以外很少見到其他婦女，那麼他就很容易做到忠貞不渝；但是，如果他不帶着妻子外出旅行，或者生活在熙熙攘攘的都市社會裏，那麼這個問題的難度就成比例地增大。第二個最有利於一夫一妻制的因素是迷信：真正相信"罪惡"導致永罰的人可望避免犯罪，而且在某種程度上他們確實在這樣做，儘管還沒有做到人們所希望的程度。美德的第三個支柱是輿論。在一個人的一舉一動全都被他的鄰居所知曉的地方，比如説在農業社會，他就有避開為傳統習俗所譴責的一切的強烈動機。但是促使品行端正的所有這些動因的效力已大不如以前了。與世隔絕的人更少了；對煉獄火的信仰衰滅了；在大城市裏，誰也不知道他的鄰居在幹甚麼。因此，男人和女人都不大像現代工業興起前那樣遵守一夫一妻制，就不足為奇了。

　　當然，也可以説，雖然愈來愈多的人不能遵守道德法則，但那不是改變我們標準的理由。我們有時被告知，犯罪的人應該知道並承認自己是在犯罪，道德準則絕不因為人們難以做到而變得更壞。但是我要回應説，準則是好還是壞，與它能否促進人類幸福，是同一個問題。許多成年人內心仍然相信童年所受的一切教育，而且，當他們的生活與主日學校的箴言不相符時，他們就覺得邪惡。由此造成的危害不僅在於引入有意識的、有理智的人格與無意識的、幼稚的人格的區分，而且還在於使傳統道德的可取部分也跟不可取部分一起被人懷疑，以至於人們認為，如果通姦是可以原諒的，那麼，懶惰、不誠實和不仁慈也都是可以原諒的了。這種危險是與把成年後幾乎肯定被拋棄的許多信條灌輸給全體青年的制度分不開的。在社會和經濟變亂的過程中，他們很可能把好的東西同壞的東西一道拋棄。

形成一套切實可行的性道德的困難，在於趨向嫉妒的推動力與趨向多妻的推動力之間的衝突。毫無疑問，嫉妒雖然部分是本能的，但是很大程度上卻是因襲的。在一個男人如果其妻子不貞就會被認為是一個適合嘲笑的物件的社會裏，只要一牽涉到他的妻子，即使他已不再愛她，他也會嫉妒。因此，嫉妒與財產觀念密切相關，在沒有這種觀點的地方，嫉妒也就少得多。如果忠貞不是人們按照常規上所期盼的內容之一，嫉妒就會大大減少。但是，儘管減少嫉妒的可能性要比許多人想像的更大，只要父親有權利和義務，這種減少就有非常明確的限制。只要情況是這樣，男人就不可避免地確保自己是自己妻子所生子女的父親。如果婦女可以有性自由，那麼父親必然會逐漸消失，妻子必然會不再指望丈夫來養活她。這種情況總有一天會發生，不過它將是一場深刻的社會變革，結果不管是好是壞，其影響是不可估量的。

與此同時，如果婚姻和父權想要作為社會制度存留下去，那麼就有必要在完全亂交與終生一夫一妻之間達成某種妥協。決定在某個特定時刻作出最適當的妥協，不是件容易的事情；這種決定應該根據民眾的習慣和節育方法的可靠程度而隨時改變。不過，有些事情還是可以相當明確地說一說的。

首先，從生理上和教育上來說，婦女在二十歲以前生孩子是不可取的。因此，我們的道德應該有很大的約束力，以至使得這種情況很少發生。

其次，先前沒有性經驗的人，不論男女，都不大可能分清純粹肉體的誘惑與成功的婚姻所必不可少的那種情投意合。再說，由於經濟方面的原因，男人一般都不得不推遲結婚，所以他們既不大可能從二十歲到三十歲始終保持童貞，而且從心理學角度講，這樣做也是不可取的；但是，如果他們有臨時關係的話，那麼，不是與以賣淫為生的人，而是與動機是出於愛慕而非金錢的、同一社會等級的女子發生關係，則要好得多。因為這兩條理由，未婚青年只要不生孩子，就應該有很大的自由。

第三，應該允許離婚且不責怪任何一方，而且無論如何也不應該把它看作是不光彩的事情。無子女的婚姻應當是，只要有一方想要離婚，就可以終止；任何婚姻都應當是，只要雙方同意，就可以終止 —— 在這兩種情況下都必須提前一年通知對方。當然，也應該允許根據另外許多理由離婚 —— 精神錯亂、遺棄、虐待等等；不過，雙方同意應該是最通常的理由。

第四，應當盡可能使性關係擺脫經濟的腐蝕。現在，妻子差不多就像妓女一樣，靠出賣性的魅力生活；甚至連對雙方沒有約束的臨時關係，通常也要求男人承擔一切共同的費用。結果是，性和金錢存在着千絲萬縷的骯髒聯繫，女人的動機常常有貪圖錢財的因素。性生活，即使是教會同意的，也不應當成為一種職業。婦女因為管家、做飯、照看孩子而得到報酬，那是對的，但是不能僅僅因為與男人發生性關係而得到報酬。曾經與某個男人相愛過的女人，在雙方的愛情終止以後，也不能一直靠贍養費生活。婦女應該像男子一樣自食其力，一個遊手好閒的妻子從本質上說並不比一個吃軟飯的男人更值得尊敬。

II

　　兩種非常原始的衝動對現在為人們所接受的性行為準則的形成起過作用，雖然在程度上大不相同。其中一種是端莊，另一種是上文所提到的嫉妒。端莊以某種形式和在某種程度上幾乎是人類普遍具有的，它構成一種禁忌，而這禁忌必須只按照一定的形式和儀式，或至少遵照某種公認的禮節才能被打破。並不是所有事物都可以被看到，也不是一切事實都可以被提及。這並不是像現代人猜想的那樣，是維多利亞時代的發明物；相反，人類學家們在未開化的野蠻人中發現了那種最刻意求工的假正經。淫穢的概念在人性中是根深蒂固的。我們可以從喜好反叛、忠於科學精神，或者比如拜倫所具有的那種感知邪惡的願望出發去反對它；但是我們並不因此就將它從我們出於本性的衝動中連根拔除。毫無疑問，在一個特定的社會裏，習俗決定究竟甚麼是被人認為猥褻的，但是某種徒有其名的習俗普遍存在，確實證明有一種不僅僅是習俗的淵源。幾乎在每個人類社會中，色情描

寫和露陰癖都被認為是令人厭惡的事情，除非它們像常常發
生的那樣成為宗教儀式的一部分。

　　禁慾主義——它同端莊可以有也可以沒有心理上的聯
繫——是似乎只有在達到了一定文明水準的地方才會出
現，但後來可能會變得強烈的一種衝動。在《舊約全書》的
前幾卷中不可能有禁慾主義，但它出現在《舊約全書》的後
幾卷、《外典》和《新約全書》中。同樣，在希臘人之中，早
期也絕少禁慾主義，但是隨着時代的前進，它卻愈來愈盛
行。印度很早就有禁慾主義，而且它曾達到非常強烈的程
度。我不打算對它的起源作心理分析，但是我不能懷疑它是
一種自發的情感，幾乎所有文明人都有這種情感，只是程度
較小而已。它最微弱的形式是不願設想一個受人尊敬的人
——尤其是擁有宗教上神聖性的人——會忙着談戀愛，認
為談情説愛和最高程度的尊嚴幾乎是格格不入的。想讓精
神擺脱肉體的桎梏的願望，產生過世界上許多偉大的宗教；
甚至在現代知識分子中，這種願望仍然很強烈。

　　但是，我相信嫉妒是性道德起源的一個最強而有力的因
素。嫉妒本能地激起憤怒；而憤怒被文飾，就變成道德上的
非難。在文明發展的初期，純本能的動機一定是由於男子想
要很有把握地獲得父親身分而得到了加強。沒有這方面的
保證，父權制家庭就不可能建立，父性及其一切經濟內涵，
就不可能成為社會制度的基礎。因此，與有夫之婦發生關係
是邪惡的，但是與未婚女子發生關係，那就連輕微的指責也
不應該受。因為姦夫引起騷亂，而且很有可能造成流血，所

以有極好的實際理由譴責他。圍攻特洛伊城是由於不尊重夫權而引起動亂的一個極端例子，但是，甚至在有關各方不那麼高貴的情況下，類似的事情也會發生，雖然規模較小。當然，那時候妻子沒有相同的權利；丈夫對他的妻子沒有責任，但他卻有義務去尊重別的丈夫的財產。

夫權制家庭的舊制度，以及建立在我們上面一直在考慮的那些感情基礎上的道德，在某種意義上說是有成效的；處於支配地位的男子享有相當大的自由，而遭受苦難的婦女處於完全屈從的地位，以至她們的不幸也似乎無足輕重。正是婦女的男女平等的要求起了很大的作用，使新制度在當今世界上成為必要的了。有兩種方法可以保證男女平等：要麼強迫男人像過去的婦女一樣嚴格奉行一夫一妻制；要麼就像對待男人一樣，也允許婦女在傳統道德標準上放鬆一些。第一種方法曾是大多數爭取女權的先驅更願意接受的，現在也仍然是教會更願意採取的；但是在實踐中，第二種方法的擁護者要更多一些，雖然他們中的大多數人對於自己行為在理論上是否正當還難以確定。那些認識到需要某種新道德的人，認為很難知道它的戒律究竟應該是甚麼。

還有另一種新事物的源泉，那就是科學觀點在減弱性知識忌諱方面的作用。人們已經認識到，只有允許人們比以前更加公開地談論各種邪惡（例如性病），才能與它們進行有效的鬥爭；他們還發現，沉默和無知很容易對個人的心理產生有害的影響。社會學和精神分析都引導認真的學者反對在性的問題上保持緘默的方針，而且許多從事實際教育工作的人，根據他們同兒童接觸的經驗，也採取了同樣的立場。
此外，那些對於人的行為具有科學觀點的人，發現不可能給
任何行為貼上“罪惡”的標籤；他們認識到，我們的所作所
為都起因於我們的遺傳、我們的教育和我們的環境，只有通
過控制這些起因，而不是一味斥責，才能制止有害於社會的
行為。

　　因此，我們在尋求性行為的新道德的過程中，自己千萬
不要受產生舊道德的那些不合理的古代情感支配，儘管我們
應當承認：它們可能偶然產生過一些精闢的格言；因為它
們仍然存在（儘管也許是以一種微弱的形式），所以，它們
仍然是研究我們問題的資料之一。我們必須斷然地做的事
情是問問我們自己：哪種道德規範最有可能促進人類的幸
福；也要始終牢記：無論哪種道德規範，都不可能被普遍遵
奉。那就是說，我們必須考慮這些規範實際上會產生的效
果，而不必考慮它們如果完全有效的話會產生的那種效果。

III

　　接下來讓我們考慮關於性知識的問題，這是年齡最小時
就出現的問題，而且也是我們所關心的各種問題中困難最
小、疑問最少的問題。和兒童談話時，沒有任何正當的理由
隱瞞事實。性就像魚類的習性或他們感興趣的其他任何問
題一樣，應該以完全相同的方式回答他們的問題，滿足他們
的好奇心。不應該有感情色彩，因為幼兒不像成人一樣有感
情作用，而且他們也看不出有甚麼可誇大的。從蜜蜂和花的

愛情談起是錯誤的；迂迴曲折地把話題漸漸引到生命的事實，是毫無意義的。把兒童想知道的事告訴他，允許他去看他的赤身裸體的父母，並不會使他產生淫慾或老想異性而不能自拔。在官方教育造成的無知中成長起來的男童，比經常聽到像談論其他問題一樣談及性問題的男童，對性要想得更多，講得更多。官方教育造成的無知和實際的知識教他們對他們的長輩進行欺騙和偽飾。另一方面，真正的無知一旦形成，就可能會成為震驚和焦慮的根源，使人難以適應現實生活。一切無知都是令人遺憾的，但是對性這樣重要的事無知，則是個令人擔心的危險。

當我說應該把有關性的事情告訴兒童時，我的意思並不是說只是應該把赤裸裸的生理事實告訴他們；我們應該把他們想知道的一切全都告訴他們。我們不應該企圖把成人描繪得比他們實際上更有道德，或者把性說成是只出現在婚姻生活中。沒有理由欺騙兒童。就像在普通家庭中必然會發生的那樣，一旦他們發現父母說謊，他們就會失去對父母的信任，覺得自己對父母說謊也是理所當然的。我不應該把一些事實強加於兒童，但是我寧願把任何事情都告訴他，也不願意說假話。以歪曲事實為基礎的美德不是真正的美德。不但從理論上，而且從實際經驗上講，我都深信在性問題上徹底開放是防止兒童過度地、淫穢地或不健康地想性問題的最好方法，也是形成開明的性道德之前幾乎必不可少的一步。

當涉及成人性行為時，在各自有其正當性的對立意見之間達成合理的妥協，絕不是件容易的事。當然，主要困難是嫉妒和性生活中喜新厭舊這兩種衝動之間的衝突。誠然，這兩種衝動都並不普遍：有些人（雖然他們是極少數）從不嫉妒，有些人（男女都有）則始終深愛自己所選擇的伴侶。如果我們能使這兩種人中的任何一種人成為普遍，那麼就很容易制定一套令人滿意的法規。但是，我們必須承認，為這一目的而設計的習俗能夠使這兩種人中的任何一種更為普遍起來。

　　還有許多領域要被一套完整的性道德所覆蓋，但是我認為，在對各種制度的效果和合理的性教育引起的變化這兩個方面取得更多經驗之前，我們不可能把甚麼事說得非常肯定。顯然，婚姻作為一種制度，只是因為孩子才引起政府的關注，只要沒有孩子，就應該純粹被看成是私事。也很顯然，即使有孩子，也只是因為父親的責任，主要是經濟上的責任，才引起政府的關注。在離婚是一件易事的地方，如在斯堪的納維亞半島，孩子通常是跟母親的，因而父權制家庭漸趨消亡。如果離婚在靠工資為生者中愈來愈普遍，政府接替了迄今為止一直由父親承擔的責任，那麼，婚姻就不再有任何存在的理由，除了在富人和宗教徒中以外，很可能不再是習以為常的事情了。

　　與此同時，如果男女雙方在性關係上、在結婚和離婚時都能夠牢記實踐寬容、仁慈、誠實和公正這些普遍美德，那就很好了。那些根據傳統標準在性方面是有德行的人，也常常認為自己因此用不着像正派的人那樣行動。大多數道德家一直如此着迷於性問題,以至於其他一些更有益於社會、從道德上講是值得稱讚的品行,強調得實在是太少了。

第十一章

自由與學院

這篇文章最初發表於 1940 年 5 月，即麥吉罕法官裁決羅素"不適合"在紐約市立學院當教授後不久。

I

在討論學術自由的現狀之前，最好還是考慮一下我們說的這個詞是甚麼意思。學術自由的本質，就是選擇教師要根據他們對於任教的那門學科的精通程度，而對於這種精通程度作出判斷的則應當是其他專家。一個人究竟是不是優秀的數學家、物理學家或化學家，只能由其他數學家、物理學家或化學家來判定。然而，他們卻能對這個問題作出相當一致的判定。

反對學術自由的人認為，除了應當考慮一個人的專業技能，還應當考慮其他條件。他們認為，他應該從不發表同掌權者相左的意見。這是個尖銳的問題，也是極權主義國家於此採取強硬路線的問題。俄國除了克倫斯基統治的短暫時期外，從來沒有享受過學術自由，但是我認為現在甚至比沙皇統治時期更沒有這種自由。戰前，儘管德國缺乏諸多形式的自由，但它還是相當充分地承認大學教學中的自由原則。現在這一切都變了，結果是，德國最有才能的學者幾乎無例外地流亡國外。意大利也對大學實行類似的專制統治，儘管形式稍微溫和一點。在西方民主國家中，人們一般都承認，這種情況是可悲的。但是我們不能否認，現在也存在着可能會導致有點類似的邪惡的傾向。

這是一種民主政治獨自不足以防止的危險。多數人無拘無束地行使權力的民主政治，可以幾乎像獨裁統治一樣暴虐。對少數派的寬容是明智的民主政治的基本部分，但卻是未必被充分記住的部分。

關於大學教師，這些一般性的意見為特別適合於他們情況的一些規定所進一步證實。大學教師應該是具有專業知識、受過特殊訓練的人，這種特殊訓練能使他們以特別有可能闡明的方式去探討有爭議的問題。規定他們對於有爭議的問題要保持緘默，就是剝奪社會本來可以從他們的公平公正訓練中獲得的裨益。許多世紀以前，中國歷代帝王就意識到有特許批評的必要，於是設立御史台，它由以博學睿智聞名的人組成，他們被賦予批評皇帝和朝廷的權利。不幸的是，這套制度也像傳統中國的其他一切事物一樣，成了官樣文章。有一些事情，尤其是宦官權力過大，是允許御史們指責的，但是如果他們的批評越出常規的範圍，皇帝就常常忘了賜予他們豁免權。我們這裏也正在發生大致相同的事情。批評在很大的範圍裏是被允許的，但是當人們感到批評確有危險時，某種形式的懲罰往往就會落到批評者身上。

在這個國家中，學術自由受到來自兩方面的威脅：富豪和教會，他們力圖聯手建立經濟上和神學上的審查。對共產主義的譴責輕而易舉地使兩者攜手合作，凡是自己不喜歡的看法，都輕率地給它加上共產主義的罪名。例如，我已注意到一個有趣的現象，儘管我從 1920 年起一直嚴厲地批評蘇聯政府，儘管近年來我一直強調指出蘇聯政府至少像納粹政府一樣壞，然而批評我的人卻無視這一切，而且還洋洋得意地援引那麼一兩句話，在這些話裏，當我懷着希望時，我提起過俄國最終產生好東西的那種可能性。

對於掌權者集團不喜歡其意見的人，對付他們的方法已相當高明了，這種方法是對有序進步的一大威脅。如果有關的這個人還年輕，而且相對來說也沒有甚麼名氣，那麼，有人就會勸誘他的上司指責他業務能力不行，他就會悄悄地被辭退。對於年事較高、名氣頗大，以至運用這種方法難以奏效的人，則用編造謊言、顛倒黑白的方法激起對他們的公憤。大多數教師自然不願意使自己遭受這些危險，於是就避免在公開場合發表不太正統的意見。這是一種危險的事態，它偏頗地迫使公正無私的才智之士保持緘默，保守主義勢力和蒙昧主義勢力相信自己依然能夠取得勝利。

II

自由民主政治的原則是：解決有爭議的問題應該是通過論證，而不是通過武力。這一原則曾激勵過美國憲法的締造者。自由主義者始終認為，看法的形成應該是通過不受限制的爭論，不應該只允許聽取一面之詞。無論是古代還是現代的專制政府，都持相反的看法。至於我，在這件事上我看不出有任何理由拋棄自由的傳統。如果我掌權，我不會試圖阻止我的反對者發表意見。我會設法為所有意見提供同等的便利，把結局交給討論和爭辯的結果來定。據我所知，在波蘭受德國人迫害的學術上的犧牲者中，有一些完全是正統天主教徒的著名邏輯學家。儘管他們的教友並不對我報以讚美，我還是要竭盡全力為這些人爭取學術地位。

自由觀點與非自由觀點的主要區別是：前者認為一切問題都是可以討論的，一切意見或多或少都是可以懷疑的；而後者事先就認為有些意見是絕對無可置疑的，不應當允許有人發表反對它們的論點。關於這一立場的怪誕之處是相信：如果允許公正的調查，那麼它就會使人們得出錯誤的結論；因此，無知是防止錯誤的唯一措施。這種觀點是任何希望理性而不是偏見支配人類行動的人都不能接受的。

自由觀點是 17 世紀末葉，作為對宗教戰爭的反動，產生於英國和荷蘭的一種觀點。這些戰爭極其激烈地進行了130 年之久，難分勝負。每一方都絕對肯定自己是正義的，認為自己獲得勝利對於人類來說極其重要。最後，明達的人對這場不能決定勝負的鬥爭漸漸感到厭倦，斷定戰爭雙方固執己見的自信都是錯誤的。在哲學和政治學這兩個領域都表述過新觀點的約翰・洛克（John Locke），在愈來愈寬容的時代之初就著書立說。他強調人類的判斷難免有錯，開創了一個進步的時代，這個時代一直延續到 1914 年。正是由於洛克及其學派的影響，天主教徒在新教國家受到寬容，新教徒在天主教國家也受到寬容。關於 17 世紀的論戰，人們或多或少吸取了寬容的教訓，但是關於第一次世界大戰結束後開始的新論戰，人們卻忘記了自由主義哲學家睿智的箴言。我們不再像查理二世朝廷中熱心的基督教徒那樣，聽人談到教友派信徒就毛骨悚然，但是對於那些把 17 世紀教友派信徒解決當時問題的觀點和原則用來解決當代問題的人，我們卻談虎色變。我們不同意的意見，年代一久便受到一定的尊重，而並不為我們共同持有的新意見卻總是使我們感到震驚。

關於民主政治的正當職能，有兩種尚可接受的觀點。按照一種觀點，多數派的意見在一切領域裏都應該佔絕對優勢。按照另一種觀點，凡是無須公決的地方，應該把不同的意見按照其頻次的比例、盡可能詳盡地表達出來。這兩種觀點的實際結果迥然不同。按照前一種觀點，當多數派決定贊成某一意見時，就不應當允許表達其他意見，或者，如果表達的話，那麼也必須完全被限制在不引人注目的、沒有甚麼影響力的管道。按照另一種觀點，應該給予少數派意見與多數派意見相同的表達機會，但只是程度較小而已。

這尤其適用於教學工作。不應該要求想在公立學校任教的男女發表多數人的意見，雖然大多數教師自然會這樣做。不僅不應當尋求教師們所發表的意見一致，而且有可能的話要避免這種一致，因為教師中間意見的不同對任何健全的教育來說是必不可少的。對於公眾意見有分歧的問題，只聽一面之詞的人不能算是受過教育的。民主國家的教育機構中最重要的教育內容之一就是培養權衡各種論點的能力，以及事先準備哪一方意見看起來更有道理就接受哪一方意見的那種開放的心態。一旦對教師可以公開發表的意見強行加以審查，教育便不再為這個目的服務，而且往往造就一羣狂熱的盲從者而不是一羣男子漢。第一次世界大戰結束以來，狂熱的盲從又重新流行起來，直至它在世界上很大一部分地區變得像宗教戰爭時期一樣令人難以忍受。所有反對自由討論和試圖對青年可能接觸到的意見強行加以審查的那些人，都在盡自己的力量增強這種盲從，把世界進一步推入洛克和他的助手們曾將世界逐漸從中拯救出來的那個衝突和不寬容的深淵。

　　有兩個問題人們分得不夠清楚：一個是關於最好的政府形式的問題；另一個是關於政府職能的問題。我心裏毫不懷疑民主政體是最好的政府形式，但是民主政體在政府職能的問題上也會像其他任何形式的政體那樣誤入歧途。對於有些事情必須採取共同的行動；關於這些事情，共同的行動應該由多數人來決定。對於另外有些事情，共同的決定既沒有必要，也不值得嚮往。這些事情包括意見的領域。因為掌權者有一種把權力用到極致的自然傾向，所以，要麼在實際上要麼在理論上擁有一些不受政府控制的、有限獨立性的機構和有組織團體，就成了防止專制的必要措施。這種自由存在於其文明源於歐洲的那些國家，可以從歷史上追溯到中世紀教會與政府之間的衝突。在拜占廷帝國，教會被政府所制伏，我們可以把俄國完全沒有任何自由傳統歸因於這一事實，因為俄國的文明源於君士坦丁堡。在西方，最初是天主教會，接着是新教各教派，由於與政府對抗，逐漸獲得了一些自由。

尤其是學術自由，本來就是教會自由的一部分，因此，它在亨利八世時代的英國便黯然失色。我再說一遍，在每個國家中，不管它的政府是甚麼形式，要維護自由，就必須有各種不受政府控制的、有限獨立性的團體，在這類團體中，重要的是應當包括大學。在當今的美國，私立大學比那些名義上屬民主政府管轄的大學有更多的學術自由，這是由於流傳非常廣泛的、對政府正當職能的誤解。

III

納稅人認為，因為他們支付了大學教師的薪水，所以他們就有權決定這些人應教甚麼。如果從邏輯上實行這條原則的話，那麼它就將意味着大學教授所享受的優等教育的所有好處都將化為烏有，他們就會像毫無專業能力一樣進行教學。"愚蠢擺起博士架子駕馭才能"[1]，是莎士比亞要求平靜辭世的原因之一。但是許多美國人都認為，民主政治需要在所有的公立大學中都有這種駕馭。行使權力是一大快事，尤其是當無名小卒對名人行使權力時，那就更是如此。殺死阿基米德的羅馬士兵，如果他年輕時被迫學過幾何學，那麼在他結束一位這麼有名的壞人的生命時，肯定會感到異常興奮。一個無知的美國盲從者在用他的民主權力反對那些持

1　譯文見朱生豪等譯《莎士比亞全集》（十一），第224頁。——譯者註

有使沒有受過教育的人反感的各種觀點的人時，也會有同樣的興奮感。

　　也許存在着一種民主濫用權力的特殊危險，那就是，由於對於權力的這些濫用是集體性的，它們受到暴民歇斯底里的激勵。在民主國家裏，行使權力幾乎遲早總會產生專制，而多數人行使權力的習慣造成了對專制的陶醉和衝動。在這樣的民主國家裏，有喚起暴民之迫害本能這種本事的人，就具有超乎尋常的作惡能力。防止這種危險的主要屏障，就是旨在與非理性地發洩集體仇恨的傾向作鬥爭的健全教育。大多數大學教師都希望實施這種教育，但是他們的那些富豪統治集團和僧侶統治集團中的主人卻盡可能使他們難以有效地執行這一任務。因為這些人的權力全靠羣眾的非理性熱情；他們知道，如果理性思維的能力得到普及，他們就會垮台。由下層的愚昧無知和上層的酷愛權力結合而成的權力，使有理性的人們的努力盡成泡影。只有在這個國家的公立教育機構中實行比以往更大限度的學術自由，才能避免這種邪惡。迫害那種不受歡迎的才智之士，對於任何國家來說都是非常嚴重的危險，並且常常是國家崩潰的原因。西班牙就是現成的例子，在那裏，驅逐猶太人和摩爾人導致農業衰退和採取完全瘋狂的財政措施。這兩個原因對於西班牙從歐洲的統治地位上衰落下來要負主要責任，儘管查理五世政權最初還掩飾它們的影響。可以有把握地設想，同樣的原因，即使不是在不久的將來，最終也會在德國產生同樣的結果。在俄國，同樣的邪惡已經施行了比較長的時間，其結果也已明顯可見，甚至從軍事機構的無能上也可以看得出來。

　　目前，俄國是這樣一種國家的最完美的典型：在這種國家中，無知的盲從者擁有何種程度的駕馭，他們也企圖在紐約達到這種程度的駕馭。A.V. 希爾教授從 1938 年 12 月的《蘇聯天文學雜誌》中援引了下列文字：

1. 現代資產階級的宇宙起源說，由於拒絕接受唯一正確的辯證唯物主義思想，即宇宙在空間和時間上的無限性，而處於意識形態極度混亂的狀態。

2. 法西斯主義的代理人一度曾設法打入新聞界以及某些天文和其他機構的領導崗位，他們懷有敵意的工作導致了文學作品中令人作嘔地宣傳資產階級反革命意識形態。

3. 現有為數極少的關於宇宙學問題的蘇聯唯物主義著作，直到最近仍然處於孤立狀態，並且一直受人民的敵人的壓制。

4. 廣大的對科學感興趣人士充其量也只是以對現代資產階級宇宙學理論的意識形態方面漠不關心的態度教育出來的……。

5. 要揭露蘇聯人民的敵人，就必須發展新的蘇聯唯物主義宇宙學……。

6. 人們認為，蘇聯科學必須帶着以我們哲學的方法論為基礎的宇宙學理論方面的具體成就，走上國防科學舞台。

把"蘇聯"改成"美國"，把"法西斯主義"改成"共產主義"，把"辯證唯物主義"改成"天主教真理"，你就會得到一份這個國家中學術自由的敵人幾乎都會簽署的文件。

IV

現在的形勢有一種令人鼓舞的特點，那就是美國多數派的專制絕不是甚麼新玩意，但它很可能比一百年前要好些。任何人都可以從德·托克維爾（De Tocqueville）的《美國的民主》一書中得出這個結論。他說的許多話現在仍然適用，但是他的有些言論肯定已不再正確。例如，我不能同意："在文明世界中，沒有任何國家比美國更不重視哲學"。但我認為下面這段話在今天看來仍然是有些道理的，儘管不像在德·托克維爾的時代那麼有道理。

在美國，多數派為輿論自由設置了非常難以逾越的障礙圈：在這個圈子裏，作者願寫甚麼就可以寫甚麼，但是一越出這個圈子，他就會後悔莫及。這倒不是因為他會面臨宗教裁判所判處的恐怖刑罰，而是因為他會遭受天天辱罵的迫害和冷落的折磨。他的政治生涯就會永遠完結，因為他冒犯了唯一能使他成功的權威。各種補償，甚至名譽的補償，他都不能得到。他在公開發表自己的看法之前，還以為其他許多人也和自己一樣持有這些看

法；但是他一公開說出這些看法，就受到專橫的反
對者的屬聲指責，而那些有和他一樣的想法但沒有
勇氣說出來的人，卻悄悄地拋棄了他。由於被自己
每天所作的努力弄得煩惱，他最後屈服了，而且慢
慢變得沉默寡言，好像因說實話而遭受悔恨的折磨
似的。

我認為，也必須承認，德·托克維爾關於民主國家中支
配個人的那種社會權力的論述是正確的：

當民主國家的居民把自己與他周圍所有的人
個別進行比較時，會得意地感到他和他們之中任何
一個人都是平等的；但是當他環顧他的全體同伴，
把自己和這樣一個龐大的團體進行比照時，他馬
上就會被自己微不足道和軟弱無力的感覺所壓倒。
也是這種平等，使他不受任何一個被分別對待的同
胞支配身分，使他孤立無援地受大多數人的影響。
因此，公眾在民主國家的人民中有一種獨特的權
力，貴族統治的國家甚至根本不可能想到這種權
力；因為它不是勸說別人接受某些看法，而是強迫
別人接受某些看法，將全體的意願施於個人理性
上，從而形成一種巨大壓力，並且通過這種壓力向
大學教師灌輸這些看法。

自德·托克維爾的時代以來，不僅在民主國家，而且也

不是主要在民主國家，隨着極權主義的強大，個人的形象極
其迅速地變得渺小起來。這是對西方文明世界非常嚴重的
威脅，如果不加以制止，它就很可能使理智停止進步。因為
一切重大的理智進步都靠不受外界看法影響的獨立自主，
在像正統派尊重上帝意志那樣恭恭敬敬地對待多數人意志
的地方，這種獨立自主是不可能存在的。尊重多數人的意志
要比尊重上帝的意志更為有害，因為多數人的意志是可以探
知的。大約四十年前在德班城 [2]，一位地平學會會員向世界挑
戰，要求進行公開的辯論。接受挑戰的是一位商船船長，他
贊同地圓説的唯一論據是他曾經環繞地球航行過。當然，這
種論點很容易駁倒，因此宣傳地平説的人獲得了三分之二的
多數。既然人民的呼聲是這樣宣示的，真正的民主主義者就
必定會推斷出在德班，地球是平的。我希望從那時起，凡是
不在宣稱地圓説是旨在導致共產主義和家庭消亡的異教教
義的聲明書上簽署的人，都不得在德班的公立學校任教（我
相信那兒沒有大學）。不過關於這方面，我消息並不靈通。

　　哎呀，集體的智慧不足以代替個人的才智。反對被普遍
接受的意見的人，始終是一切進步（無論是道德上的進步，
還是理智上的進步）的根源。他們不受歡迎，這是很自然
的。蘇格拉底、基督、伽利略都同樣受到正統派的指責。
但是以前的鎮壓機器遠不如我們現在的鎮壓機器那麼管用，
那時異教徒即便被處死，他們還是贏得了公眾的充分注意。

2　德班（Durban），南非的一個海港城市。——譯者註

殉教者的鮮血是教會的種子，但是在像現代德國這樣的國家中，便不復如此了，在那裏殉難是秘密的，殉教者的學說無法得到傳播。

如果反對學術自由的人能夠隨心所欲的話，他們就會使這個國家在傳播他們不贊同的學說方面降低到德國的水準。他們會用有組織的專制代替個人的思想；他們會排斥一切新事物；他們會使社會停滯不前；最後，他們會使一代一代的人從出生到死亡在人類歷史上不留下任何痕跡。在某些人看來，此刻他們正在要求的似乎不是非常重大的事情。有人可能會說，在一個為戰爭所騷擾、為迫害所折磨、到處都是囚禁那些不願和邪惡同流合污的人的集中營的世界上，像學術自由這樣的問題有甚麼了不起的呢？我承認，與這類事情相比，學術自由的問題本身並不是頭等重要的。但它是同一場戰鬥的重要組成部分。讓我們牢記，在最重大的問題上也和在那些似乎不那麼重大的問題上一樣處於危險之中的，是去表達自己的信仰和對於人類的希望的個人精神的自由，不管這種信仰和對於人類的希望是許多人所共有的，還是極少數人或無人所享有的。新的希望、新的信仰和新的思想始終是人類所必需的，人們不可能期待它們從死氣沉沉的一致中產生出來。

第十二章

上帝的存在 —— 伯特蘭·羅素與耶穌會 F.C. 科普爾斯頓神父的辯論

這場辯論最初於 1948 年在英國廣播公司第三套節目中播送。原文發表在 1948 年秋季號《人道主義》上，承蒙科普爾斯頓神父惠予同意，轉載於此。

科：在討論上帝的存在之前，也許還是先就"上帝"一詞的理解達成某種臨時協定的好。假定我們所說的"上帝"是指一個至高無上的人物 —— 以別於世界和世界的創造者。你會同意 —— 至少暫時同意 —— 接受關於"上帝"一詞的含義的這一說法嗎？

羅：是的，我接受這個定義。

科：那麼，我的態度是肯定的，即這樣的人物確實存在，而且也可以從哲學上證明上帝的存在。也許你會告訴我說，你的態度是不可知論的或是無神論的。我的意思是，你會說上帝的不存在是可以證明的嗎？

羅：不，我不會說我的態度是不可知論的。

科：你會同意我的看法，認為上帝的問題是一個非常重要的

　　問題嗎？例如，你會同意這樣一種觀點，即認為如果上帝並不存在，人類和人類歷史除了他們自己所賦予的意義以外，不可能再有別的意義，而這實際上很可能意味着那些意義是有權將之強加於人的人所強加的，你同意嗎？

羅：粗略地說來，我同意你的看法，雖然我必須對你最後那半句話加以某種限制。

科：你會同意這樣一種觀點，即認為如果沒有上帝——沒有絕對的神——就不可能有絕對價值嗎？我的意思是：你會同意這樣一種觀點，即認為相對性的價值就不可能產生絕對的善嗎？

羅：不，我認為這些問題從邏輯上說是有區別的。就以 G.E. 莫爾（G.E. Moore）的《倫理學原理》（*Principia Ethics*）為例，他在書中堅持認為善惡有別，兩者都是明確的概念。但是他並沒有引進上帝的觀念來支持那種論點。

科：好吧，讓我們把"善"這個問題留到後面，留到我們講到道德論證時再來討論。我首先提出形而上學論證。我想把主要重點放在以萊布尼茲從"偶然性"出發的論證為基礎的形而上學論證上，接着在後面我們可能會討論道德論證。我先就形而上學論證作一簡短的說明，然後接着就討論該論證，怎麼樣？

羅：我看那樣的安排很好。

從偶然性出發的論證

科：那好，為了能説得清楚一些，我將把這個論證分成幾個
　　不同的階段。據我看，首先，我們知道世界上至少存在
　　着某些自身不包含存在理由的存在物。比如説，我依
　　靠我的父母，現在依靠空氣、食物等等養活我。其次，
　　世界只是個別物體真實的或想像的全體或聚集體，這些
　　個別物體自身都並不單獨地蘊涵存在的理由。正如人
　　類是某種不可與其成員截然分開的東西一樣，沒有一個
　　世界在性質上有別於組成它的物體。因此據我看，由於
　　物體或事件的存在，由於任何有經驗的物體自身都不包
　　含存在的理由，這種理由，物體的全體，必定會有一個
　　自身以外的理由。那個理由必定是一個存在物。那麼，
　　這個存在物要麼本身就是它自己存在的理由，要麼就不
　　是。如果是，那就再好不過了。如果不是，那麼我們必
　　須進一步探討。但是如果我們那樣無休止地探究下去，
　　那麼永遠也不可能得到有關存在的解釋。所以據我看，
　　為了解釋存在，我們必須談到一種自身包含其自己存在
　　理由的存在物，也就是説，這種存在物是不可能不存在
　　的。

羅：這會引出許多問題，而且總的來説不容易知道究竟從何
　　談起，但我認為，要回覆你的論證，也許最好還是從必
　　然的存在物這個問題談起。我堅持認為，"必然的"這
　　個詞只能有意義地用於命題。事實上，只用於諸如分析
　　的那種命題 —— 也就是説 —— 諸如否定它便會自相矛

盾的那種命題。如果真有否認它的存在便會自相矛盾
的存在物，那麼我只好承認有必然的存在物。我倒想知
道，你是否會接受萊布尼茲把命題分為理性的真理和事
實的真理的這種方法。前者 —— 理性的真理 —— 是必
然的。

科：哦，我肯定不會贊成似乎是萊布尼茲關於理性的真理和
　　事實的真理這觀念，因為對他來說，好像最終只有分析
　　命題。對萊布尼茲來說，事實的真理最後似乎可以歸結
　　為理性的真理，也就是說，可以歸結為分析命題，至少
　　對博識之士來說是如此。好啦，我不能同意那種觀點。
　　理由之一是它不會滿足自由經驗的要求。我並不想支
　　持整個萊布尼茲哲學，我利用了他從偶然存在物到必然
　　存在物的論證，把這一論證建立在充足理由律的基礎
　　上，這只是因為在我看來，對關於上帝存在的形而上學
　　基本論證來說，它是一種簡單明瞭的表述。

羅：但是，依我之見，"必然命題"必須是分析的。我看不
　　出它還能有甚麼其他的意思。而分析命題總是複雜的，
　　而且在邏輯上多少有點晚。"無理性的動物是動物"是
　　一個分析命題；但諸如"這是一個動物"之類的命題卻
　　永遠不可能是分析的。事實上，所有能成為分析命題的
　　命題，在命題的形成上都多少有點晚。

科：就以"如果有偶然存在物，那麼就有必然存在物"這個
　　命題為例。我認為，用假設表達的命題是必然命題。
　　如果你打算把每一個必然命題都叫作分析命題，那

麼 —— 為了避免術語上的爭論 —— 我就同意把它叫作
分析命題，儘管我並不認為它是個同義反覆的命題。但
是這個命題只有在假設有偶然存在物的前提下才是必
然命題。確實存在着偶然存在物這一點，必須由經驗來
揭示，而存在偶然存在物這個命題，肯定不是個分析命
題，雖然我堅持認為，你一旦知道存在着偶然存在物，
就必然會因此認為存在着必然存在物。

羅：這個論證的困難就在於我不承認必然存在物的觀念，而
且也不承認把其他存在物稱為"偶然的"有甚麼特殊的
意義。這些用語對我毫無意義，除非用在我所拒斥的邏
輯範圍內。

科：你的意思是不是說，你之所以拒斥這些術語是因為它們
不適合所謂的"現代邏輯"？

羅：哎呀，我看不出它們能有甚麼意義。在我看來，"必然
的"這個詞是個無用的詞，除非把它用於分析命題而不
是用於事物。

科：首先，你說的"現代邏輯"是甚麼意思？就我所知，存
在着各種多少有點不同的體系。其次，並不是所有的現
代邏輯學家肯定都會承認形而上學是毫無意義的。至
少，我們倆都認識一位非常著名的當代思想家，他的現
代邏輯知識造詣很深，但他肯定並不認為形而上學是毫
無意義的，或者說 ，尤其是他肯定並不認為上帝的問
題是毫無意義的。再說，即使所有的現代邏輯學家都認
為形而上學的術語是毫無意義的，也不能因此就認為他

們是正確的。在我看來，形而上學的術語是毫無意義的這個命題，似乎是一個以假想的哲學為基礎的命題。隱藏在它背後的武斷態度似乎是這樣一種見解：凡是不願進入我的身體器官的都是不存在的，或者說，是毫無意義的；這是情感的表達。我只是在試圖指出，凡是說現代邏輯的某種特殊體系是意義的唯一標準的人，都是在說過分武斷的話；他是在武斷地堅持哲學的一部分就是整個哲學。"偶然"存在物畢竟是本身並沒有其存在的十足理由的存在物，那就是我所指的偶然存在物的意思。你我都知道，如果不參照我們之外的某物或某人，比如說父母，就不可能解釋我們兩個人的存在。另一方面，"必然"存在物是指一種必定存在而且不可能不存在的存在物。你可能會說，不存在這樣的存在物，但是你會發現很難使我相信你不理解我正在使用的這些術語。如果你不理解這些術語，那麼你怎麼有資格說這樣的存在物不存在呢（如果你確實說過那種話的話）？

羅：好啦，這裏面有些問題我不打算詳細探討了。我根本不堅稱普通形而上學毫無意義。我堅持認為某些特殊術語毫無意義 —— 不是由於任何一般原因，而只是因為我還看不到對這些特殊術語的解釋。它不是一般的教條 —— 它是特殊的事物，但是我將暫時不考慮這些問題。我要說的是，在我看來，你所說的這些話似乎把我們帶回到了本體論的論證，有一種其本質包含着存在的

存在物，因此，它的存在是分析的。在我看來，那好像
是不可能的，它當然會引出人們所說的存在是甚麼意思
的問題，關於這一點，我認為，我們絕不能另有含義地
說存在着被命名的主語，而只能說存在着被描述的主
語。事實上，完全可以肯定，那種存在不是一種謂語。

科：好啦，你所說的，我相信是，例如，說"T.S. 艾略特存
在"是不符合語法的，或者更確切地說是不符合句法
的；例如，人們應當說："他，《大教堂兇殺案》的作
者，存在。"你是不是想要說，"世界的起因存在"這
個命題是沒有意義的？你可以說世界沒有起因；但是
我不明白你怎麼能說"世界的起因存在"這個命題沒有
意義。用疑問句的形式來表述："世界有起因嗎？"或
者"世界的起因存在嗎？"大多數人肯定會理解這個問
題，儘管他們對於這個問題的答案意見不一。

羅：嗯，"世界的起因存在嗎？"這個問題肯定是個有意義
的問題。但是如果你說"是的，上帝是世界的起因"，
你是在把上帝用作專有名稱；那麼，"上帝存在"就不
會是一個有意義的陳述；那是我堅持的立場。因為由
此可以得出這樣的結論：說這個存在，或那個存在，永
遠不可能是分析命題。例如，假定你把"存在的圓正方
形"當作你的主語，那麼"存在的圓正方形存在"看起
來就會像是一個分析命題，但它並不存在。

科：對，它並不存在。但是你確實不能說它不存在，除非你
有關於甚麼是存在的概念。至於"存在的圓正方形"這

一詞組，要我說，它根本沒有意義。

羅：我完全同意。但是據我看，與另一場合所提到的"必然存在物"是同一種東西。

科：哎呀，我們好像陷入了僵局。說必然存在物是必定存在、不可能不存在的存在物，對我來說具有明確的意義。對你來說，它卻沒有意義。

羅：噢，我想我們可以講得更深入一點。根據你的說法，必定存在、不可能不存在的存在物肯定會是一種其本質包含存在的存在物。

科：是的，其本質是存在的存在物。但是我可不願意簡單地從上帝本質的觀念出發論證上帝的存在，因為我認為到現在為止我們還沒有任何關於上帝本質的清晰直覺。我認為，我們必須根據世界的經驗與上帝的關係進行論證。

羅：是的，我完全明白這種差別。但是同時，就具有足夠知識的存在物而言，說"這就是其本質包含存在的這種存在物！"倒是正確的。

科：是的，如果有人看見了上帝，他肯定會明白上帝必定存在。

羅：所以我意思說有一種其本質包含存在的存在物，儘管我們不了解那種本質，我們只知道有這樣一種存在物。

科：是的，我還應當補充説，我們並不先驗地¹了解這種本質。我們只是後驗地²，即通過在這世界中得到的經驗才知道那種存在物的存在。之後，有人論證，本質和存在必定是同一的。因為如果上帝的本質和上帝的存在不是同一的，那麼就必須在上帝之外去尋找這種存在的某種充足理由。

羅：所以它完全取決於充足理由這個問題，而我必須指出，你還沒有用我能理解的方式解釋"充足理由"——你説的充足理由是指甚麼呢？該不是指起因吧？

科：不一定。起因是一種充足理由。只有偶然存在物才有起因。上帝是祂自己的充足理由；祂不是祂自己的起因。我所説的充足理由完全是指足以説明某種特殊存在物存在的充分解釋。

羅：但是一種解釋甚麼時候是充分的呢？假如我正打算用火柴點火，你可以説對那種情況的充分解釋就是我在火柴盒上劃火柴。

科：嗯，事實上是如此——但是在理論上，那只是一種部分解釋。充分的解釋最終必須是全部解釋，該解釋達到了無以復加的程度。

---

1 先驗（a priori）在拉丁文中指"來自先前的東西"（from the earlier），或稍稍引申指"在經驗之前"，意指無需經驗或先於經驗獲得的知識。——編者註

2 後驗（a posteriori）在拉丁文中指"來自之後的東西"（from the latter），意指"在經驗之後"，必須體驗後才知道的。——編者註

羅：那麼我只能說你正在尋找某種不可能得到的、人們不
　應當期求的東西。

科：說人們還沒有找到它，是一回事；說人們不應該尋找
　它，在我看來，是相當武斷的。

羅：這個，我可不知道。我的意思是，對一個事物的解釋是
　另一個事物，而這另一個事物又再取決於其他事物去解
　釋，為了做你想做的事情，你就必須掌握所有的事物，
　並為其找到解釋，那是我們不可能做到的。

科：但是你是不是想要說我們不能，或者甚至不應該提出關
　於這令人苦惱的萬物之複雜整體 —— 整個宇宙 —— 的
　存在的問題？

羅：是的。我認為它根本沒有任何意義。我認為"宇宙"這
　個詞在有些上下文裏是個便於使用的詞，但是我並不認
　為它代表任何有意義的事物。

科：如果這個詞是沒有意義的，它就不可能那麼便於使
　用。總之，我並不認為宇宙是某種不同於構成宇宙的
　物體的東西（我在對證據的簡短概述中已經指出了這一
　點），我正在尋找理由，在目前情況下是尋找物體的起
　因 —— 構成我們稱之為宇宙這東西的真實的或想像的
　總體。我想，你是不是認為宇宙 —— 或者，如果你願
　意的話，我的存在，或者其他任何存在 —— 是難以理
　解的？

羅：首先，我會接受"如果一個詞是沒有意義的，它就不可
　能是便於使用的"這樣一種觀點嗎？這種觀點聽起來挺

有道理，但實際上並不正確。比如說，就以"這"（the）或"比"（than）這類詞為例。你指不出這些詞意指甚麼物體，但它們卻是非常有用的詞；"宇宙"這個詞我看也一樣。但是暫且不談這種觀點，你問我是否認為宇宙是難以理解的。我不會說難以理解 —— 我認為它是沒有解釋的。在我看來，易於理解是另一回事。易於理解必須本質上與事物本身有關，而不是與事物的關係有關。

科：噢，我的觀點是，除了上帝的存在以外，我們稱之為世界的那種東西是從本質上而言難以理解的。你知道，我相信如果一系列事件 —— 可以說，我指的是橫向水平系列 —— 的無窮能得到證實的話，這種無窮不會與環境有絲毫關係。如果你把巧克力加起來，最終你得到的還是巧克力而不是羊。如果你把巧克力加起來直到無限，你得到的大概是數量無限多的巧克力。因此，如果你把偶然存在物加起來直到無限，你得到的依然是偶然存在物，而不會是必然存在物。在我看來，無窮系列的存在物像一個偶然存在物一樣，都不能成為自身的起因。不過，我想，你是不是認為提出甚麼能解釋任何特殊物體的存在這問題是不合理的？

羅：如果你所謂的解釋任何特殊物體的存在，意思只不過是為它尋找一個起因，那麼它是完全正確的。

科：那麼，為甚麼停留在一種特殊的物體上呢？為甚麼不應當提出所有特殊物體存在的起因這個問題呢？

羅：因為我看沒有理由認為存在着任何起因。起因的整個
　　概念是我們從觀察特殊事物中獲得的概念；我看沒有
　　任何理由假定總體有甚麼起因。

科：哎呀，説不存在任何起因，與説我們不應該尋找起因，
　　不是同一回事。要是不存在任何起因的説法能夠產生，
　　它也應當產生在探究的末尾，而不是產生於探究的開
　　始。總之，如果總體沒有起因，那麼按我的想法，總體
　　必定是它自己的起因，而我看這是不可能的。再説，如
　　果在回答問題時説世界的確在那兒，那麼這種説法就已
　　經預先假定了那個問題是有意義的。

羅：不，它不必是它自己的起因，我説的是，起因的概念不
　　適用於總體。

科：那麼你同意薩特的看法，認為宇宙就是他稱之為“無緣
　　無故”的東西？

羅：喔，“無緣無故”這個詞暗示它可能是其他某種東西；
　　據我看，宇宙就在那兒，如此而已。

科：那麼，我不明白，你怎麼能摒除問總體或任何事物究竟
　　是怎麼會在那兒的這個問題的合理性。問題在於：為
　　甚麼有事物而不是無事物？關於我們以經驗為依據從
　　特殊原因中獲得因果關係的知識這一事實，並不排除問
　　甚麼是這系列的起因的可能性。如果“起因”這個詞是
　　沒有意義的，或者如果能證明康德的物質觀是正確的，
　　我就同意説這個問題是不合理的；但你似乎並不認為
　　“起因”這個詞是沒有意義的，而我也並不認為你是康

德主義者。

羅：我能說明在我看來乃是你的謬誤的東西。每個存在的
　　人都有母親，在我看來你的論點似乎是，因此人類也必
　　定有母親，但是人類顯然沒有母親——那是一個不同
　　的邏輯領域。

科：哎呀，我確實看不出任何相同之處。如果我說"每一物
　　體都有可感知的起因，因此，整個系列也有可感知的
　　起因"，那麼就會有一種相同之處；但是我並沒有那樣
　　說；我是說，如果你堅持系列的無窮性，那麼，每個物
　　體都有可感知的起因——但是，可感知的起因的系列
　　不能充分解釋系列。因此，系列沒有可感知的起因，但
　　是有超驗[3]的起因。

羅：不管怎麼說，那就是假定不但世界上的每一特殊事物，
　　而且作為一個整體的世界，都必定有起因。我看不出這
　　一假定有甚麼根據。如果你想告訴我根據，我倒願意洗
　　耳恭聽。

科：那好吧，事件系列要麼是引起的，要麼不是引起的。如
　　果它是引起的，那麼顯然必定有一種在系列之外的起
　　因。如果它不是引起的，那麼它對其本身就是充分的。
　　如果它對其本身就是充分的，那麼它就是我所說的必然

3　超驗（transcendent），意為超出一切可能的經驗之上，不能用因果、屬
　　性、存在、不存在等範疇進行思考的東西，一般人無法共同體驗到以形
　　成普遍共通經驗，如神、鬼的存在，夢境。——編者註

的東西。但它不可能是必然的，因為每一成員都是偶然的，而我們都已一致同意，總體離開它的成員就不再是實在，因此，它不可能是必然的。因此，它不可能是（引起的）——無緣由的——因此它必定有起因。而且我倒想順便説一下，"世界的確在那兒，它是無法解釋的"這種説法是不可能從邏輯分析中得出來的。

羅：我不想讓別人覺得我狂妄自大，但是我確實認為，我似乎能構想出你説人的頭腦構想不出的東西。至於沒有起因的事物，物理學家們向我們保證説，原子中個體量子的躍遷是沒有原因的。

科：這個，我現在還不知道那是不是一種暫時的結論。

羅：可能是，但是它確實表明物理學家的頭腦能夠構想出它。

科：是的，我同意，有些科學家，例如物理學家，願意在有限的領域裏允許不確定，但是很多科學家卻不那麼願意。我想，倫敦大學的丁格爾教授堅持認為海森伯不確定性原理（Heisenberg uncertainty principle）告訴我們現代原子理論在觀察相互關聯方面的成功（或沒有成功），而不是關於原子理論本身的性質；許多物理學家都會接受這一觀點。總之，我不明白，即使物理學家在理論上不接受這個理論，他們怎麼能在實踐中不接受它。我搞不懂，怎麼能根據除了性質上的秩序和可理解性假設之外的其他任何假設來從事科學研究。物理學家至少是心照不宣地預先假定，調查性質和尋找事件的起因具有某種意義，就像偵探預先假定尋找謀殺的原因具有某種意義一樣。形而上學者假定，尋找現象的理由或原因具有意義。我不是康德主義者，我認為形而上學者的假定同物理學家的假定一樣有道理。例如，薩特就說，世界是無緣無故的，我想他說這話時並沒有充分考慮“無緣無故”的含義是甚麼。

羅：我認為 —— 在我看來，這裏似乎有某種無法證明為正當的延伸；物理學家尋找起因；那並不一定意味着到處都有起因。一個人可以尋找黃金而不假定到處都有黃金；他要是找到了黃金，那最好不過了，要是沒有找到，那是運氣不好。物理學家尋找起因，也是這樣。至於薩特，我並不自稱知道他的意思，我也不想被人認為是解釋他的話，但是就我來說，我確實認為世界具有解釋的觀點是錯誤的。我不明白人們為甚麼會指望世界有個解釋，我認為你對於科學家的假設所說的那些話有點言過其實。

科：哎呀，在我看來，科學家確實作過一些這樣的假設。當他為發現某些特殊真理而進行實驗時，在那個實驗的背後就隱含着宇宙不是完全不連續的這一假設。有通過實驗發現真理的可能性。實驗可能會失敗，也可能會毫無結果，或者說，得不到他想要的結果，但是不管怎麼說，還是有通過實驗來發現他所假設的真理的可能性。而在我看來，那就是假設一個井然有序的、可理解的宇宙。

羅：我認為你是在作沒有必要的概括。毫無疑問，科學家假
　　設這類事物很可能被發現，而且會經常地被發現。他並
　　不假設它一定會被發現，而那是現代物理學中的一件非
　　常重要的事情。

科：噢，我認為他確實這樣假設，或者說，必然會在實踐中
　　心照不宣地這樣假設。用霍爾丹教授[4]的話說，這種假
　　設可能是"當我點燃水壺下的煤氣時，有些水分子將變
　　成蒸氣飛掉，但是沒有辦法查明哪個水分子將飛掉"，
　　但這未必能得出除了與我們的知識有關外，必須引進可
　　能性觀念，這樣的結論。

羅：是的，未必能得出這樣的結論 —— 至少在我還能相信
　　他所說的話的時候。他正在尋找很多事物 —— 科學家
　　正在尋找世界上正在發生的很多事物，這些事物首先是
　　因果鏈的開端 —— 本身沒有原因的初始因。他並不假
　　設每一事物都有起因。

科：那肯定是某個挑選出來的領域中的初始因。那是一種
　　比較初始的原因。

羅：我認為他不會這樣說。如果存在着一個其中大多數事
　　件而非所有事件都有起因的世界，那麼他就能夠通過假
　　設你感興趣的這個特殊事件很可能有起因，來描繪可能
　　性和不確定性。因為無論如何，你不會得到比可能性更

4　霍爾丹（Haldane, J.B.S. 1892-1964），英國生物學家和作家。——譯者
　　註

多的東西,可能性就夠好的了。

科:也許科學家並不希望得到比可能性更多的東西,但是他在提出這個問題時,已假設問題的解釋是有意義的。但是,羅素勳爵,那麼你大致的觀點就是認為甚至問世界的起因這問題也是不合理的嗎?

羅:是的,那就是我的立場。

科:要是你認為這個問題是沒有意義的,那麼討論這個問題當然就很困難了,是不是?

羅:是的,很困難。我們接下去是否該討論另外一個問題?你看怎麼樣?

宗教經驗

科:那好吧。那麼,我也許可以談談宗教經驗,然後我們可以討論道德經驗。我並不認為宗教經驗是上帝存在的確鑿證據,所以討論的性質多少有點改變,但是我認為,說上帝的存在是對宗教經驗最好的解釋,是正確的。我說宗教經驗,指的不只是感覺善良。我指的是充滿愛意而又含混不清地意識到某種物體,它在經驗者看來似乎不可反駁地是超越自我的某物,超越一切正常經驗物體的某物,不能用圖表示或概念化的、但卻又是毋庸置疑地真實的某物 —— 至少在經驗期間是如此。我斷言,那不可能單憑主觀臆想恰當地、無餘地得到解釋。總而言之,實際的基本經驗最容易根據這樣一種假設來解釋,即假設實際上存在着那種經驗的某個客觀原因。

羅：我倒想回應這樣一種論點，即認為從我們自己的心理狀
態到我們身外之某物的整個論證是一種很巧妙的花招。
我認為，即使在我們都承認其正當性的地方，我們也只
是因為人類的共識才感到這樣做是有道理的。如果一
個房間裏有一羣人，另外還有一個鐘，他們都能看見那
個鐘。他們都能看見鐘的這一事實往往會使他們認為
看見鐘這件事不是幻覺：而這些宗教經驗的確常常是
很私密的。

科：對，是這樣。我現在談的確實是嚴格意義上的神秘經
驗，順便說一下，我肯定沒有把所謂的幻象包括在內。
我指的純粹是超然物體的經驗，或者是形似超然物體的
東西的經驗，我完全承認它是難以表述的。我記得朱利
安・赫胥黎（Julian Huxley）在某次講演中說過，宗教
經驗或神秘經驗，是像墜入情網或欣賞詩歌和藝術一樣
真實的經驗。於是，我相信當我們欣賞詩歌和藝術時，
我們欣賞的是確定的詩篇或一件確定的藝術品。如果
我們墜入了情網，那麼，我們是愛上了某個人而不是沒
有愛上任何人。

羅：請允許我在這裏打斷一下。事實絕不總是那樣。日本
小說家認為，只有大批真實的人因為愛上虛構的女主人
公而自殺，他們的創作才算成功。

科：噢，我必須相信你所說的關於日本的這些事情。我很高
興地說，我沒有自殺過，但是我在採取我一生中的兩個

重要步驟時，曾受到過兩本傳記的強烈影響。不過，我
必須說，到目前為止我幾乎看不出那些書對我的真正影
響與神秘經驗本身之間有甚麼相似之處，那就是我作為
一個門外漢所能有的對於那種經驗的看法。

羅：噢，我的意思是說我們不要把上帝看作是與小說人物處
於同一水平。你承認在這一點上是有區別的嗎？

科：我肯定承認。但我要說的是，最好的解釋似乎是非純粹
主觀主義的解釋。當然，就某些在經驗與生活之間幾乎
沒有聯繫的人來說，就被欺騙的人、有幻覺的人以及諸
如此類的人來說，主觀主義的解釋是可能的。但是，當
你理解人們可能會稱之為純正典範的那種人時，比如說
聖方濟各阿西西（St Francis of Assisi），當你獲得一種最
終導致動力及創造性的愛泛濫的經驗時，在我看來對那
種情況最好的解釋似乎是實際存在着那種經驗的客觀
原因。

羅：哎呀，我並不是武斷地堅持認為，不存在上帝。我堅持
認為的是，我們不知道存在着上帝。我只能像接受其他
記錄一樣，接受記錄下來的事物，而且我確實發現，人
們報告了非常多的事物，我肯定你不會接受關於邪靈、
魔鬼和諸如此類的事物 —— 人們報告它們時用完全同
樣的腔調和完全同樣深信不疑的態度。神秘主義者，如
果他的幻象是真實的，那麼也可以被說成是知道存在着
魔鬼。但我卻不知道存在着魔鬼。

科：但是可以肯定，就魔鬼而言，有些人主要是講幻象、外

觀、天使或邪靈等等。我倒是排除看得見的外觀，因為我認為即使撇開應該看得見的物體的存在不談，也能夠解釋看得見的外觀。

羅：但是，你難道不認為有大量記錄，記載人們就像神秘主義者肯定上帝的存在那樣，相信自己在心中聽到撒旦在對他們說話——我現在講的不是外在的視覺，而是純粹的心理經驗。那種經驗似乎和神秘主義者有關上帝的經驗同屬一個類型。我看不出從神秘主義者告訴我們的事情中，你能得到任何與撒旦之論證有所不同的上帝之論證。

科：當然，我完全承認人們曾經想像或以為他們耳聞目睹過撒旦。我不想順便否定撒旦的存在。但是我並不認為人們曾自稱經歷過上帝。就拿非基督教徒普羅提諾（Plotinus）來說，他承認經驗是某種不可名狀的東西，這物體是愛的物體，因此不是引起恐懼和憎惡的物體。據我看，那種經驗的效果得到了證實，或者，我的意思是說，那種經驗的確實性在普羅提諾的生平記載中得到了證實。總之，如果我們願意接受波菲利對普羅提諾的善良和仁慈的描述，那麼我們就更有理由認為他曾經有那種經驗。

羅：信仰對人有良好的道德效果這一事實，絕不是證明這種信仰真實性的根據。

科：對，但是如果它確實能證明信仰的確是對人生產生良好效果的原因，那麼我就應當把它看作是證明某種真實性

　　的根據，如果不能證明信仰的全部確實性，至少能證明
　　信仰中積極的部分。但是不管怎麼說，與其說我把人生
　　的品性當作是神秘主義者其信仰真實性的證據，不如說
　　我它當作是證明神秘主義者其說話誠實和心智健全的
　　證據。

羅：但是我並不認為連那也是甚麼證據。我本人就曾有過
　　使我的品性發生深刻變化的經驗。而且不管怎麼說，我
　　當時總以為我的品性是朝好的方向變化。那些經驗是
　　重要的，但它們並不關涉到我身外某個事物的存在，而
　　且我認為，即使我當時認為它們關涉到我身外某個事物
　　的存在，它們有增進身心健康的效果這一事實也不會是
　　證明我正確的任何證據。

科：對，但是我認為良好的效果會表明你在描述你的經驗時
　　所說的是實話。請記住，我並不是說神秘主義者的傳達
　　或對其經驗的解釋，應該免受討論和批評。

羅：年輕人讀了歷史上某個偉人的生平事跡以後，其品性顯
　　然可能 —— 而且常常 —— 受到莫大的陶冶，而且可能
　　會發生這樣的事情：偉人是個神話，他並不存在，但是
　　孩子卻像真的有過那偉人一樣受他薰陶。這樣的人是
　　有的。普魯塔克的《列傳》（Lives）以呂庫古為例，這個
　　人肯定沒有存在過，但是你帶着先前有過呂庫古這個人
　　的印象去讀他，就可能會受很大的影響。你那時就會受
　　你所愛的物體影響，而它卻不是一個實有的物體。

科：我當然完全同意你對那個問題的看法，一個人可能受小

説中人物的影響。我不探究究竟是甚麼在影響他（據我看是一種實際價值），我認為那個人的情況和神秘主義者的情況是不同的。受呂庫古影響的那個人畢竟沒有得到過那種不可抗拒的印象，即他以某種方式經驗過終極實在。

羅：我認為你並沒有完全懂得我就這些歷史人物 —— 歷史上的這些非歷史人物 —— 所説的話的意思。我不是假定你所謂對理性的影響的東西，我是假定：當那位年輕人閱讀這個人的生平事跡並相信他是真實時，那麼年輕人便會愛上他 —— 這是很容易發生的事情，不過他是在愛一個幻象。

科：從某種意義上説，他是在愛一個完全真實的幻象，在這個意義上，我的意思是説，他是在愛一個並不存在的某甲或某乙。但是同時，我認為那個年輕人所愛的並不是幻象本身；他感悟到一種實際價值，一種他認為是客觀有效的觀念，那就是喚起他的愛的東西。

羅：噢，從同樣的意義上説，我們以前有小説中的人物陪伴。

科：是的，從一種意義上説，那個人是在愛一個幻象 —— 完全正確。但是從另一種意義上説，他是在愛他感悟到的一種價值。

道德論論證

羅：但是，你現在是不是實際上在説，我説上帝，指的是任

　　何善的東西，或善的東西的總和 —— 善的東西的體系，
　　因此，當年輕人愛任何善的東西時，他就是在愛上帝。
　　那就是你要說的嗎？因為如果是這樣的話，那就得費點
　　唇舌了。

科：我當然不是在泛神論的意義上說上帝是善的東西的總
　　和或體系；我不是泛神論者，但是我確實認為一切善
　　都以某種方式反映上帝，而且都來自上帝，以致在某種
　　意義上說，凡是愛真善的東西的人，即使他沒有提及上
　　帝，他也愛上帝。不過，我依然同意這樣一種看法：對
　　人類行為的這種解釋的正當性顯然取決於對上帝存在
　　的承認。

羅：是的，但那是個有待證實的問題。

科：的確如此，但我認為形而上學論證是探索性的，而我們
　　在那一點上意見相左。

羅：要知道，我覺得有些事物是善的，而另一些事物是惡
　　的。我愛那些善的事物，愛那些我認為是善的事物；我
　　恨那些我認為是惡的事物。我並不認為這些事物之所
　　以善，是因為它們分享神的善性。

科：是的，但你區分善惡的理由是甚麼呢？或者說，你如何
　　看待善惡的區別呢？

羅：我所擁有的理由並不多於我在區分藍色和黃色時所擁
　　有的理由。我區分藍色和黃色的理由是甚麼呢？我能
　　看出它們是不同的。

科：好，那是一個絕妙的理由，我同意。你靠觀察藍色和黃

色來區分它們，那麼你靠甚麼官能來區分善惡呢？

羅：靠我的感覺。

科：靠你的感覺。好，那正是我要問的。你認為善惡只是與感覺有關？

羅：那麼，為甚麼一類物體看上去是黃的而另一類物體看上去是藍的？多虧物理學家，我才或多或少能對那個問題作出回答，至於為甚麼我認為一種事物是善的而另一種事物是惡的，也許有同一種答案，但是人們沒有以相同的方式深入研究過這個問題，所以我無可奉告。

科：那麼，讓我們以貝爾森集中營長官的行為為例。那種行為在你看來似乎是討厭的和邪惡的，在我看來也是如此。我們認為，在阿道夫‧希特拉看來，那種行為似乎是非常善的和非常可取的。我想你也會不得不承認，那種行為對希特拉來說是善的，而對你來說卻是惡的。

羅：不，我不願意扯得那麼遠。我的意思是說，我認為人們在那件事情上也像在其他事情上一樣可能犯錯誤。如果你患了黃疸病，你就會把不是黃色的東西看成是黃色的。你就犯錯誤了。

科：是的，人都會犯錯誤，但是如果它只是涉及感覺或情感的問題，你會犯錯誤嗎？希特拉對於訴諸其情感的事情，肯定會是唯一可能的裁判。

羅：說它訴諸他的情感倒是完全正確的，但是你能對那件事情提出各種不同的說法，其中包括：如果那種事情以那種方式訴諸希特拉的情感，那麼希特拉則以完全不同的方式訴諸我的情感。

科：就算如此。但是，根據你的看法，那麼除了感覺之外就不存在譴責貝爾森集中營長官的行為的客觀標準？

羅：和對處於完全相同狀態的色盲患者來說一樣，也不存在客觀標準。為甚麼我們在理智上譴責色盲患者呢？難道不是因為他屬於少數？

科：據我看是因為他缺乏通常屬於人性的東西。

羅：是的，但如果他屬於多數，我們就不應該那麼說。

科：那麼你會說，除了感覺以外，不存在任何標準能使人們對貝爾森集中營長官的行為和比如說斯塔福德・克里普斯爵士[5]或坎特伯雷大主教的行為作出區別。

羅：這種感覺過分簡單了一點。你必須考慮到行動的影響和你對這些影響的感覺。要知道，如果你說你喜歡某些類型的事情而不喜歡另一些類型的事情，你就能對這種感覺進行論證。因此你必須考慮到行動的影響。你可以理直氣壯地說，貝爾森集中營長官的行動其影響是痛苦的和令人不快的。

科：我同意，對於集中營裏的所有人來說，它們肯定是非常痛苦的和令人不快的。

羅：是的，但不僅是對於集中營裏的人來說是如此，而且對於關注他們的局外人來說也是如此。

5　斯塔福德・克里普斯爵士（Sir Stafford Cripps，1889-1952），英國政治家。——譯者註

科：是的，想像得完全正確。但是我的觀點是這樣，我不贊成這些行動，我知道你也不贊成這些行動，但是我不明白你有甚麼理由不贊成這些行動，因為對於貝爾森集中營長官本人來說，這些行動畢竟是令人愉悅的。

羅：是的，但是你知道，我在這個實例中並不比在顏色知覺的實例中需要更多的理由。有些人以為甚麼東西都是黃色的，有人患黃疸病，而我不同意這些人的看法。我不能證明那些東西不是黃色的，這沒有任何證據，但是大多數人同意我的看法，認為它們不是黃色的，大多數人也同意我的看法，認為貝爾森集中營長官犯了錯誤。

科：那麼，你同意承擔任何道德上的義務嗎？

羅：這個，要回答這個問題，我就得相當詳細地回答。從實踐上講——是的。從理論上講，我就得相當謹慎地給道德上的義務下定義。

科：那麼，你認為"應該"（ought）這個詞只是具有情感的含義？

羅：不，我不那麼認為，因為你知道，正如我剛才所說的，人們必須考慮到影響，我認為正確的行為，它很可能會在一切可行行動的內在價值中產生最大可能的平衡，你在考慮甚麼是正確行為時，必須顧及你的行動可能產生的影響。

科：噢，我之所以提出道德上的義務，是因為我認為人們能夠通過那條途徑探討上帝存在的問題。人類中絕大多數人都願意而且也一直在對是非作某種區分。我認為絕大多數人都具有某種道德領域中的義務意識。我的看法是，價值觀念和道德律及義務的意識，因假設先驗根據的價值和道德律的制訂者而得到最好的解釋。我說"道德律的制訂者"，指的確是專斷的道德律制訂者。實際上，我認為，那些用相反的方法論證"上帝並不存在，因此不存在絕對價值和絕對律"的現代無神論者是很有邏輯頭腦的。

羅：我不喜歡"絕對"這個詞。我並不認為存在甚麼絕對的事物。例如，道德律總是在變化。在人類發展的某一時期，幾乎每一個人都認為吃人肉是一種責任。

科：喲，我倒沒有看出特殊道德判斷之間的差異是反對道德律其普遍性的決定性論據。讓我們暫且假定存在着絕對道德價值。甚至根據那個假設，人們也只能認為不同的個體和不同的集團對那些價值應該享有不同程度的了解。

羅：我傾向於認為"應該"，一個人所具有的"應該"的感覺，是這個人的父母或保姆對他說過的話的回聲。

科：那麼，我倒要看看你能不能只用保姆和父母的話就把"應該"這個觀念解釋通。我真的不明白，用其他詞語而不用這個詞本身怎麼能把這個詞的意思傳達給任何人。在我看來，如果存在着影響人類良知的道德秩序，那麼，那種道德秩序若無上帝的存在便無法理解。

羅：那麼，你必須說清楚究竟是兩種情況中的哪一種。要麼上帝只對人類中很小一部分人講話——碰巧你自己也包括在其中，要麼上帝在同野蠻人的良知講話時故意説些假話。

科：這個，你知道，我並不是説上帝真的對良知口授道德箴言。人類關於道德律內容的觀念肯定在很大程度上取決於教育和環境，人必須用其理性來評價他的社會集團的實際道德觀念的正確性。但是，批評為公眾所接受的道德準則的可能性則以存在着一種客觀標準和理想的道德秩序為前提，這種理想的道德秩序是強行建立的（我的意思是説它的強制性能為公眾所認可）。我認為，對這種理想的道德秩序的認可就是對偶然性的認可的一部分。它意味着上帝的存在有現實的基礎。

羅：但是，在我看來，律法制訂者總是某人的父母或某個諸如此類的人。地球上有許多律法制訂者都可以説明這一點，而且那可以説明為甚麼在不同的時代和不同的地方人們的良知會如此驚人的不同。

科：它有助於説明對特殊道德價值的看法為甚麼會有不同，否則這種不同就無法解釋。它將有助於説明就道德律而言，為甚麼為各個民族或各個個人所接受的箴言的內容會發生變化。但是，它的形式，康德稱之為絕對命令的東西，我確實看不出"應該"這怎麼可能通過保姆或父母傳達給任何人。因為，根據我的判斷，不存在任何合適的、能用來説明它的詞語。除它本身以外，你不可能用其他詞語給它下定義，因為一旦你不用它本身而是用其他詞語給它下定義，你就已經把它説明白了。它就不再是道德上的"應該"，而是其他東西。

羅：這個，我認為"應該"的意思是某個人想像的不贊成的結果，它也許是上帝想像的不贊成，但它卻是某個人想像的不贊成。我認為那就是"應該"一詞的含義。

科：在我看來，它似乎是只要通過環境和教育就能很容易地說明的外來習俗、禁忌以及諸如此類的東西，但是在我看來，所有那些似乎都屬於我稱之為律法問題的東西，都屬於內容。"應該"這個觀念本身絕不可能由部落首領或其他甚麼人傳達給任何人，因為沒有其他詞語可以用來進行傳達。在我看來，它似乎完全——[羅素插語]。

羅：但是我並不認為有任何理由說——我的意思是説我們都知道條件反射。我們知道，動物如果因為某一種行動常受到懲罰，那麼一段時間以後就會忍住不做出這種行動。我並不認為動物會忍住不在心裏爭辯説："如果我這樣做，主人會發怒。"牠有一種不應該做那種事情的感覺。那就是我們自己能做的，僅此而已。

科：我看沒有理由假定動物具有道德上的義務意識；我們肯定不會認為動物要對牠不馴服的行為負道德上的責任。但是人卻有義務和道德價值的意識。我看沒有理由假定一個人能夠使所有人像動物那樣形成條件反射，而且我認為即使一個人有這種能力，你也不應該真的這樣做。如果"行為主義"是正確的，那麼尼祿皇帝和聖方濟各阿西西之間就不會有道德上客觀的區別。羅素

勳爵，你知道，我不禁覺得：你認為貝爾森集中營長官
的行為在道義上應當受到譴責；即便你認為，或者有理
由認為，以那種可惡的方式對待某些人也許可以使人類
幸福的均衡得到增強，你自己在任何情況下也絕不會那
樣做。

羅：是的，我不會模仿瘋狗的行為。我不會這樣做的這個事
實與這個問題完全無關。

科：是的，但是如果你根據後果來對是非作出功利主義的解
釋，那麼人們可能就會認為，而且我想有些稍好一些的
納粹黨人也會認為，雖然不得不那樣做是可悲的，但是
從長遠來看這種均衡會導致更大的幸福。我想你不會
那樣說，是嗎？我認為你會說那種行為是錯誤的——
且不說幸福的普遍均衡是否得到增強。再者，如果你準
備這樣說，那麼我認為你必須有某種是非標準，不管怎
麼說，那是感覺以外的標準。在我看來，那種承認最終
會導致承認上帝身上的價值的終極理由。

羅：我想，也許我們正在陷入混亂。它不是我應該作出判斷
的行動的直接感覺，而是對結果的感覺。而且我無法接
受任何關於某些類型的行為，比如你正在討論的那種行
為會產生好處的情況。我想像不出它們會產生有利影
響的那種情況。我認為有這種想法的人是在欺騙自己。
但是如果有它們會產生有利影響的那種情況，那麼我雖
然不是很情願但也許不得不說："哎呀，我不喜歡這些
事物，但是我會默認它們"，就像我默認刑法一樣，儘

管我對懲罰深感厭惡。

科：喔，現在也許是我總結一下自己觀點的時候了。我論證
　　了兩件事。首先，上帝的存在可以通過形而上學的論證
　　在哲學方面得到證明；其次，只有上帝的存在才能使人
　　的道德經驗和宗教經驗有意義。我個人認為，你說明人
　　類道德判斷的方法會不可避免地導致你的理論所要求
　　的東西與你自發判斷之間的矛盾。此外，你的理論為道
　　德上的義務辯解，而辯解並不是說明。關於形而上學論
　　證，我們顯然一致認為，我們稱之為世界的東西只是由
　　偶然存在物所組成。也就是，只是由無一能說明其自
　　身存在的存在物所組成。你說事件的系列用不着說明；
　　我說如果沒有必然存在物，沒有必須存在、不能不存在
　　的存在物，那麼也就甚麼都不存在。偶然存在物系列的
　　無窮性，即便得到了證實，也是不相干的。某物確實存
　　在；因此，必定有某個說明這一事物的事實，即在偶然
　　存在物系列之外的存在物。唯有你承認了這一點，那麼
　　我們才能繼續討論那個存在物是不是個人的、善良的，
　　等等。在是否有必然存在物這個我們所討論的現實問
　　題上，我想，我覺得自己的看法是同絕大多數古典哲學
　　家一致的。

　　我想，你堅持認為：存在着的存在物就在那裏，我沒有
　　理由提出解釋它們的存在的問題。但是我要指出，這種
　　看法不可能用邏輯分析來證實；它表達一種其本身需
　　要證明的哲學。我認為我們陷入了僵局，因為我們的哲

學思想是根本不同的；在我看來，至少在哲學是理性的
這個範圍內，我稱之為哲學之一部分的東西，你似乎稱
之為哲學之全部。如果你能原諒我這樣說，那麼在我看
來，除了你自己的邏輯體系之外——相對於陳舊的邏
輯（一個帶有傾向性的形容詞），你把自己的邏輯體系
稱作"現代的"邏輯——你還堅持一種不可能用邏輯分
析證實的哲學。上帝存在的問題畢竟是個存在判斷的
問題，而邏輯分析並不直接探討存在的問題。所以在我
看來，那樣一種說法——即斷言：一組問題中所包含
的術語是沒有意義的，因為在探討另一組問題時並不
需要它們——似乎從一開始就確定了哲學的性質和範
圍，而且那本身似乎是一個需要證明為正當的哲學行
動。

羅：那麼，我也想說幾句，作為我這一方的總結。首先，
　　關於形而上學論證，我不承認像"偶然的"（contingent）
　　這種術語的含義，或按科普爾斯頓神父的意思來解釋
　　的可能性。我認為"偶然的"這個詞必然會使人聯想到
　　某個事物的可能性，因為這個事物不會有你可能稱之
　　為"就在那裏"（just being there）之偶然性（accidental
　　character）的、而我認為除非在純粹原因的意義上，否
　　則乃是不真實的東西。有時你會把某個事物的原因解
　　釋成是其他某個事物的結果，但那只是把一事物歸因於
　　另一事物，但是，照我看來，根本不存在按科普爾斯頓
　　神父對任何事物的領悟的解釋，把事物稱作"偶然的"

也沒有任何意義，因為它們不可能是別的東西。關於那一點我應該說的就是這些，但是科普爾斯頓神父對我的指責，說我認為邏輯是全部哲學（事實絕非如此）這一點，我也想說幾句。我絕不認為邏輯是全部哲學。我認為邏輯是哲學的基本組成部分，而且邏輯必須用在哲學上，在那一點上我認為我和他是一致的。當他使用的邏輯剛問世時——即在亞里士多德時代——圍繞着它必定發生過許多爭論；亞里士多德曾為這種邏輯作過大量爭辯。現在它已變得陳舊而可敬，你不必為它作那麼多的爭辯。我所信奉的邏輯則比較新，所以我也得像亞里士多德那樣為之作爭辯；但是我絕不認為它是全部哲學——我並不認為如此。我認為它是哲學的一個重要部分，當我那樣說時，我並未發現這個詞或那個詞的意義，那是建立在我從思考那個特殊的詞中發現了它意義的基礎上一種細節的立場。這不是認為所有用於形而上學的詞都是毫無意義的那種普遍立場，或者任何我實際上並沒持有的見解那樣的立場。

關於道德論論證，我確實發現，當人們研究人類學或歷史的時候，有人就認為做出我認為是可惡的行動是他們的職責，因此，我肯定不會把神的起源歸因於道德義務的問題，科普爾斯頓神父也不要求我這樣做；但是我認為，甚至道德義務的形式，當它採取命令你把你的父親或諸如此類的東西吃掉的那種形式時，在我看來似乎也並不是那種非常美好和高尚的東西；因此，我不能把神

的起源歸因於這種道德義務的含義上，而我認為很容易
用完全不同的方法去解釋道德義務。

第十三章

宗教能醫治我們的毛病嗎？[1]

I

人類處於致命的危險中，而且像過去一樣，現在恐懼正在使人們尋求上帝的庇護。整個西方存在着非常普遍的宗教復興。納粹分子和共產黨人取締了基督教，做了我們強烈反對的事情。人們很容易得出這樣的結論：希特拉和蘇聯政府對基督教的否定摒棄，至少在某種程度上是我們出毛病的原因；如果世界回到基督教，我們的國際問題就會迎刃而解。我相信這完全是恐怖造成的錯覺。我認為這是一種危險的錯覺，因為它把那些思考富有成效，並已找到有效解決辦法的人，引入歧途。

這裏涉及的問題不僅關係到世界的現狀。它是一個普遍得多的問題，而且也是一個爭論了許多世紀的問題。這個問題就是：如果各個社會沒有教條主義宗教的幫助，它們能否實踐起碼的道德？我本人認為，道德遠非像宗教徒相信的那樣緊緊地依靠宗教。我甚至認為，有些非常重要的美德在拒斥宗教教條的人之中可能要比在接受宗教教條的人之中更

---

1 這篇論文的兩個部分最初作為兩篇文章發表在 1954 年 11 月 9 日和 11 日的斯德哥爾摩報紙《每日新聞》（*Dagens Nyheter*）上。——作者註

多。我認為這尤其適用於誠實或理智上正直的美德。我說的理智上正直，指的是根據證據解決爭論不休的問題，或證據不足就不作決定的習慣。雖然任何教條體系的擁護者幾乎全部低估這種美德，但是在我看來，它具有最大的社會重要性，而且可能遠比基督教或其他任何有組織的信仰體系更能造福世界。

讓我們考慮一下道德規則是怎樣被人們接受的。道德規則大體上有兩類：有的只是以宗教信條為根據；有的顯然是以社會功利為根據。在希臘正教會中，同一個孩子的教父和教母不得結婚。顯然，就這條規則來說，只有神學根據；如果你認為這條規則重要，那麼你說下面這句話將是很正確的：應當反對宗教的衰落，因為它會導致人們違反這條規則。但是有爭議的並不是這類道德規則，有爭議的是那些不依賴於神學而有社會方面正當理由的道德規則。

讓我們以偷盜為例。在一個人人都偷盜的社會裏，人人都不方便；而如果生活在一個偷盜幾乎絕跡的社會裏，顯然大多數人都可以更多地過他們嚮往的那種生活。但要是沒有法律、道德和宗教，就會產生一個難題：對於每個人來說，理想的社會是其他人全都誠實而唯他獨自行竊的社會。由此可以推斷出：如果個人利益要同社會利益協調一致，那就必須要有一種社會制度和社會機構。刑法和警察對此或多或少有些成效。但是罪犯並不總是能被抓獲的，而且警察可能會對強悍的罪犯過於寬大。如果能夠使人們相信存在着一位會懲罰偷盜的上帝，那麼即使警察不能發揮作用，這種信仰似乎也有可能促使人們誠實。假如人們已經信仰上帝，那麼他們就會毫不猶豫地相信上帝阻止了偷盜。以拿伯的葡萄園這故事為例，就能說明宗教在這方面的效用，在這個故事中竊賊是國王，他是不受塵世法律的約束的[2]。

我不會否認，在從前半文明的社會中，這樣的考慮可能有助於促成合乎社會需要的行為。但是如今，把神學的起源歸因於道德所可能產生的那種善良與如此嚴重的邪惡結下了不解之緣，以至善良同邪惡相比，相形見絀，微不足道。隨着文明向前發展，世俗的制裁變得更加穩固，神的制裁變得更加不可靠。人們覺得愈來愈有理由認為，他們如若偷盜，就會被抓獲；並且愈來愈沒有理由認為，如果他們沒被抓獲，上帝仍然會懲罰他們。甚至連高度信仰宗教的人現今幾乎也不會相信偷東西會下地獄。他們經深思後認為自己能及時悔改，而且無論如何，地獄既不像過去那樣確定，也不像過去那樣熾熱。在文明的社會中，大多數人都不偷盜，我認為通常的原因是，很可能會在此生人世間受到懲罰。這一點為下面這個事實所證實：淘金熱期間在礦工村中，或者任何在那樣混亂的社會中，確實幾乎人人都會偷盜。

但是你可能會說，雖然現在不再很需要靠神學來禁止偷盜，但這樣做畢竟沒有害處，因為我們都希望人們不要偷盜。可是，毛病就在於一旦人們傾向於懷疑被普遍接受的神學，有人就會開始用可惡且有害的手段來維護那種神學。如

2　見《聖經‧列王紀上》第二十一章。——譯者註

果有人認為美德需要某種神學，而公正的探究者卻看不出有甚麼理由認為這種神學是真實的，那麼當局就會着手阻止公正的探究。在過去的若干世紀裏，他們阻止公正的探究的方法是把探究者燒死在火刑柱上。在俄國，他們還在使用比這好不了多少的方法；但是在西方國家，當局已經令稍微溫和的說服方式有所完善。其中，學校也許是最重要的：一定不能讓青年人聽到當局反感的意見的論點，而那些仍然堅持顯示探究意向的人會遭到社會的白眼，而且如有可能，還會使他們感到在道德上應受譴責。這樣，任何有神學根據的道德體系就成了一種掌權者用以維護他們的權威和削弱青年人智力的工具。

我發現，現在有許多人對真實漠不關心，我不得不認為這是極其危險的。例如，當人們為基督教作辯護論證時，他們不是像托馬斯・阿奎那（Thomas Aquinas）那樣擺出理由，說明為甚麼認為存在上帝，為甚麼認為上帝在《聖經》中表達了祂的意願。他們而是論證說，如果人們這樣認為，那麼他們的行為就會比不這樣認為時善良。因此我們不應該 —— 這些人也認為我們不應該 —— 由着自己思忖上帝是否存在的問題，如果一不留神而產生了疑惑，那麼我們就應該使勁把它壓下去。如果公正的思想會引起疑惑，那麼我們就應該避開公正的思想。如果正統觀念的官方解說者告訴你說，娶你亡妻的妹妹為妻是邪惡的，那麼你就應該相信他們，免得道德敗壞。如果他們告訴你說節育是罪孽，那麼你就應該接受他們的意見，儘管你可能清楚不節育肯定會造成災難。一旦人們認為任何信仰（不管甚麼）之所以重要不是因為其是真實的而是因為其他某個原因，就很容易出現大量的邪惡。我在前面已經說過的那種阻止探究的做法，是這些邪惡中的首惡，但是其他邪惡肯定會接踵而來。當權者的職位總是向正統派開放，如果他們對被普遍接受的看法產生懷疑，歷史記錄肯定會被篡改。非正統觀念遲早會被認為是一種犯罪而被處以火刑、受到清洗或關進集中營。我可以尊重那些論證宗教是真實的因而應當信仰宗教的人，但是對於那些說之所以應當信仰宗教是因為它是有用的，說詢問宗教是否真實是浪費時間的人，我只感到強烈的道義譴責。

為基督教辯護的人習慣於把共產主義看作是與基督教迴然不同的東西，拿共產主義的禍害同基督教國家享受的那種被人信以為真的幸福作比較，我看這是極其錯誤的。共產主義的禍害與宗教信仰時代（Age of Faith）存在於基督教的那些禍害是一樣的。"格伯烏"[3]與宗教裁判所只是在量上有所不同。"格伯烏"的殘忍行為同後者如出一轍，它給俄國人的理智生活和道德生活所造成的危害與宗教裁判所的審判官佔上風時所造成的危害毫無二致。共產黨人篡改歷史，文藝復興以前的教會也幹過同樣的事情。如果說現在的教會不像蘇聯政府那麼壞，那得歸功於曾經攻擊過教會的那些人的影響：從特蘭托會議（The Council of Trent）至今，不

3　"格伯烏"（Ogpu）是 1923 年至 1934 年間蘇聯國家政治保衛局的簡稱（首字母縮合）。——譯者註

管它有些甚麼樣的改進，都是由它的敵人促成的。有許多
人反對蘇聯政府，因為他們不喜歡共產主義的經濟學說，然
而這卻是克里姆林宮與早期基督教徒、方濟各會修士、大
多數中世紀基督教的異教徒所共有的。共產主義的學說也
並不是只限於異教徒才會有的：正統的殉道者托馬斯・莫
爾爵士（Sir Thomas More）就把基督教說成是共產主義的，
還說這是基督教向烏托邦主義者推薦的唯一部分。能有充
分理由被認為是危險的不是蘇維埃學說本身，而是看待這一
學說的方式。這個學說被看作是神聖不可侵犯的真理，懷疑
它就是犯罪，應該受到最嚴厲的懲罰。共產黨人像基督教徒
一樣，相信自己的學說對於救世是必不可少的，對他來說，
正是這種信念才使救世成為可能。基督教與共產主義互不
相容的正是它們之間的相似點。當兩個科學家見解不一時，
他們不是求助於世俗的權力，而是等待進一步的證據來解決
爭端，因為他們作為科學家，知道他們兩人都有可能犯錯。
但是當兩個神學家意見相左時，因為沒有雙方都能訴諸的標
準，所以除了相互仇恨和或明或暗地訴諸武力之外，對此便
別無他法。我要承認，現在基督教的危害比過去小了，不過
這是因為現在人們已不那麼熱衷於信仰基督教了。也許，總
有一天，共產主義也會發生同樣的變化；如果真的發生了同
樣的變化，那麼，那種信念就會失去許多現在使它令人生厭
的東西。但是如果基督教對於美德和社會穩定是必不可少
的這種觀點在西方流行起來，基督教就會再度染上它在中世
紀曾有過的那些惡習；並且在變得愈來愈像共產主義的同

時，也將變得愈來愈難與共產主義言歸於好。沿着這條路走下去，不可能把世界從災難中解救出來。

II

在我的第一篇文章中，我談到了由任何不是以真實為理由，而是以社會效用為理由提出來要求人們接受的教條體系所產生的邪惡。我不得不說那番話同樣適用於基督教、共產主義、伊斯蘭教、佛教、印度教以及一切神學體系，除非它們依靠那些科學家所提出的普遍訴求的理由。然而，卻存在着一些特殊論點，因為其假定的特殊優點而被提出來支持它。劍橋大學的近代史教授赫伯特‧巴特菲爾德（Herbert Butterfield）雄辯而又賣弄學問地提出了這些論點[4]，因而我將把他當作是持有他所堅持的那種看法的那個龐大羣體的代言人。

巴特菲爾德教授試圖以讓步的方式獲得某種爭論上的優勢，令他看起來比實際上更心胸廣闊。他承認，基督教會曾依仗過迫害，而且就這種做法已被放棄而言，導致它放棄這種做法的是來自外部的壓力。他承認，目前俄國與西方之間的緊張局勢是強權政治的結果，即使俄國政府當初繼續追隨希臘正教會，這種緊張局勢也是可以預料得到的。他承認，有些自由思想家表現出了他認為是基督教徒所特有的一些美德，而在許多基督教徒的行為中卻沒有這些美德。

4　*Christianity and History* (London: 1950). ── 作者註

但是，儘管他作了這些讓步，他仍然認為世界正在遭受的這些災禍要靠遵守基督教教義才能消除；他不僅把信仰上帝和永生，而且還把信仰道成肉身列入必要的最低限度的基督教教義之中。他強調基督教與某些歷史事件的聯繫，而且他憑着如果與他所信的宗教無關則肯定不能使他確信的證據，把這些事件看作是歷史性的。我認為，童貞女之子的證據不是那種能令公正的探究者確信的證據，如果它出現在他司空見慣的神學信仰範圍之外的話。在異教的神話學裏有無數這樣的故事，但誰也沒有夢想認真對待它們。但是，儘管巴特菲爾德教授是個歷史學家，只要一牽涉到基督教的起源，卻好像對歷史真實性問題毫無興趣。他的論證，剝除了他溫文爾雅和騙人的寬宏大量的外貌後，可以不加掩飾而又準確地表述如下："基督是否真的由童貞女馬利亞受聖靈感孕而生，這是不值得探究的，因為不管事實是不是這樣，相信這是實情就為我們逃避當前世界的紛擾提供了最美好的希望。"巴特菲爾德教授的著作中根本沒有試圖證明基督教教義的真實性的一丁點兒跡象。在他的著作中只有相信基督教教義是有用的這種實用主義的論證。在巴特菲爾德教授的論點中有許多步驟說得不像人們所希望的那樣明晰和精確，恐怕原因就是明晰和精確會使它們變得令人難以置信。我認為，這個論點剔除了無關緊要的東西以後如下：如果人們愛自己的鄰居，那當然是件好事，但他們不大想這樣做；基督說他們應當這樣做，而且，如果他們相信基督就是上帝，那麼，他們就會較不相信基督就是上帝的人，更有可能在這一點上聽從基督的教導；因此，希望人們愛他們鄰居的人就會設法勸他們相信基督就是上帝。

　　反對這種論證的異議多得無從說起。首先，巴特菲爾德教授以及所有像他一樣思考問題的人都相信愛你的鄰居是件好事，他們持這種觀點的理由不是源出於基督的教導。相反，是因為他們已經持這種觀點，他們才把基督的教導看作是祂神性的證據。也就是說，他們沒有以神學為基礎的倫理觀，卻有以他們的倫理觀為基礎的神學。但是，他們顯然認為，令他們認為愛你的鄰居是件好事的非神學根據不可能產生廣泛的吸引力，所以，他們着手虛構他們希望更有效力的其他論證，這是非常危險的一招。過去許多新教徒都認為，不守安息日和兇殺一樣邪惡。如果你令他們相信不守安息日並不是邪惡的，那麼他們就會推斷兇殺也不是邪惡的。每一種神學的倫理觀在某種程度上都是那種能夠得到合理辯護的倫理觀，而且在某種程度上都只不過是迷信禁忌的體現。能夠得到合理辯護的部分就應該得到這樣的辯護，因為不然的話，發現其他部分不合理的那些人可能會魯莽地拒斥整體。

　　但是實際上基督教代表了比其競爭者和敵對者更好的道德嗎？我搞不懂，一個老老實實地研究歷史的人怎麼會堅持認為事實就是如此。基督教有別於其他宗教的是更動輒施加迫害。佛教從來就不是迫害人的宗教。哈里發帝國（The Empire of Caliphs）對待猶太教徒和基督教徒比基督教國家對待猶太教徒和伊斯蘭教徒要仁慈得多。只要猶太教徒和基督教徒納貢，它就讓他們安居樂業。從羅馬帝國變成基督教國家的時候起，基督教就宣傳反猶太主義。十字軍的宗教熾情導致了西歐的大屠殺。不公正地指控德雷富[5]的是基督教徒，而使德雷富最終恢復名譽的卻是自由思想家。在近代，基督教徒不但在猶太教徒成為犧牲品時為自己的惡劣行徑辯護，而且還在其他方面為自己的惡劣行徑辯護。教會曾掩飾剛果利奧波德國王（King Leopold）政府的惡劣行徑，或將其大事化小，這一惡劣行徑只是由於一場主要由自由思想家實施的騷動而終止。基督教有令人向善的道德影響這一整套說法，只有靠完全不顧或竄改歷史證據才能維持。

通常的回答是：做了讓我們痛心的事的那些基督教徒，在他們沒有遵循基督的教導這個意義上，並不是真正的基督教徒。人們當然也可能會同樣振振有詞地說，蘇聯政府不是由真正的馬克思主義者組成的，因為馬克思教導說斯拉夫人比德意志人低劣，而克里姆林宮卻不接受這一學說，追隨導師的人總是在某些方面背離導師的學說。立志要創建教會的那些人應當記住這一點。每個教會都發展自衛本能，並且極度輕視教會創建者的學說中無助於那一目的的那些部分。但是不管怎樣，現代辯護者稱之為“真正”的基督教是某種

---

5 德雷富（Alfred Dreyfus, 1859-1935），法國猶太裔軍官，著名的德雷富事件的當事人。他曾受反猶太主義者迫害，1894 年被誣下獄，後來得到許多知名人士聲援，於 1899 年和 1904 年兩次複審，最終於 1906 年得到平反昭雪。——譯者註

依賴於很有選擇性進程的東西。它無視《福音書》中所記載的許多內容：例如，綿羊與山羊的比喻，以及邪惡者會在地獄之火中永遠遭受折磨的教義。它從《山上寶訓》(*Sermon on the Mount*)[6]中摘錄某些段落，然而甚至在實踐中也常常對它加以拒斥。例如，它把不抵抗的教義只留給像甘地那樣的非基督教徒去實踐。它特別贊成的那些戒律被認為是體現一種如此崇高的道德，以至於它們必須有神聖的來源。但是，巴特菲爾德教授應當知道，這些戒律均出自基督時代以前的猶太教徒之口。例如，人們可以在希勒爾（Hillel）的訓誨和《十二族長遺言》(*Testaments of the Twelve Patriarchs*)中看到這些戒律；關於這一點，這方面的首席權威、博士R.H. 查理斯牧師（Rev. Dr R.H. Charles）說："《山上寶訓》中有一些例子反映了這種精神，甚至原封不動地搬用我們經文中的詞句；《福音書》中許多段落也表現出同樣的跡象，聖保羅好像把這本書當作手冊來使用。"查理斯博士認為基督必定熟悉這部著作。如果，像我們有時聽說的那樣，倫理訓誨的崇高性就證明其作者的神性，那麼，必定具有神性的是撰寫這些遺言的那位不知名的作者。

世界處於混亂狀態，那是不可否認的，但是從歷史上看，沒有絲毫理由認為基督教提出了擺脫困境的方法。我們的毛病是由第一次世界大戰造成的，共產黨人和納粹分子就

6　《山上寶訓》指的是《聖經·馬太福音》第五章到第七章裏，由耶穌基督在　山上所說的話，這一段話被認為是基督教徒言行的準則。——編者註

是這次戰爭的產物，這是殘酷無情的希臘式悲劇。第一次世
界大戰完全起因於基督教。三個皇帝都很虔誠，更加好戰的
英國內閣也很虔誠。在德國和俄國，反戰來自社會主義者，
他們是反基督教的；在法國，反戰來自饒勒斯[7]，暗殺他的兇
手受到誠摯的基督教徒的稱讚；在英國，反戰來自一位著名
的無神論者約翰·莫利[8]。共產主義最危險的特點是使人聯
想起中世紀的教會。這些教會由狂熱地接受在一本聖典中
表述的學說、不願批判地審查這些學說、以及殘酷迫害拒
絕接受這些學說的人所組成。我們不應當靠在西方復活的
狂熱和盲從去尋求圓滿的結果。這種復活如果出現，只能意
味着共產主義政權可恨的特點已經遍及全球。世界需要的
是公道、寬容，以及實現人類大家庭中各成員之間的相互依
存。這種相互依存由於現代的創造發明而大大增強了，贊成
對鄰居應當採取友善態度的那種純粹世俗的論點，比以往任
何時候都強有力得多。我們應當指望的是這種因素，而不是
返回到蒙昧主義的神話。有人可能會說，智慧增添了我們
的毛病；但是能醫治我們毛病的卻不是無知。只有更高超、
更聰慧的智慧才能創造一個更加幸福的世界。

7　饒勒斯（Jean Jaurès, 1859-1914），1914 年以前法國社會主義運動的主
　　要領導人。他因反對戰爭，於 1914 年 7 月 31 日被一個狂熱分子暗殺。
　　——譯者註

8　約翰·莫利（John Morley, 1838-1923），英國政治家、作家。他認為，
　　第一次世界大戰對於"人類進步是一次令人傷心的挫折"，於是同伯恩斯
　　（John Burns）一道辭去了內閣的職務。——譯者註

第十四章

宗教與道德 [1]

　　許多人告訴我們說，人如果不信仰上帝，就既不可能幸福，也不可能有美德。說到美德，我只能根據觀察而不能根據個人經驗說話。關於幸福，無論是經驗還是觀察都未曾致使我認為，在一般情況下，有信仰的人比沒有信仰的人更幸福，或更不幸福。人們通常喜歡為不幸尋找"堂皇的"理由，因為一個人能把自己的苦難歸因於缺乏信念，要比不得不把它歸因於肝臟，更容易感到自豪。至於道德，很大程度上取決於如何理解這個詞。就我來說，我認為重要的美德是仁慈和智慧。任何信條，不管甚麼，均有礙智慧；對罪與罰的信仰（順便說一下，這是蘇聯政府從正統基督教那裏承襲來的唯一信仰）抑制仁慈。

　　傳統道德以各種各樣實際的方式干預對於社會來說是有利的事情。預防性病就是其中之一，限制人口則更重要。醫學的進步使這件事情比以往任何時候都重要得多了。如果那些國家和民族仍然像一百年前的英國那樣多育，不改變它們在這方面的習慣，那麼人類的前景便只有戰爭和貧困。這已為每一個聰明的學生所知曉，但是神學教條主義者對此

卻不承認。

　　我相信教條主義信仰的衰敗有利無害。同時我還承認，新教條體系，比如納粹分子和共產黨人的那些教條體系，甚至比老教條體系更有害，不過，如果正統的教條習慣不曾在人們青年時期灌輸給他們的話，新教條體系是絕不可能控制他們的思想的。史太林的語言風格很容易使人聯想起他曾在其中接受訓練的那所神學院。世界所需要的不是教條，而是科學探究的態度，再加上相信對千百萬人施加折磨是不可取的，不管這種折磨是史太林施加的，還是依照相似的信仰者虛構出來的神造成的。

附 錄

伯特蘭‧羅素是如何被阻止在紐約市立學院任教的 [1]

I

　　莫里斯‧拉斐爾‧科恩（Morris Raphael Cohen）和哈利‧奧弗斯特里特（Harry Overstreet）這兩位正教授退休後，紐約市立學院哲學系成員和學院行政當局，同意物色一位著名哲學家填補其中的一個空缺職位。

　　哲學系提議給伯特蘭‧羅素發聘書，那時他正在加利福尼亞大學執教。對這一提議，全院教職工、代理院長、高等教育理事會管理委員會，最後是理事會本身，都極感興趣地表示贊同，這一級別的任命都要理事會審批。市立學院以前還從未聘請過這樣聲譽卓著的教授。理事會二十二名理事中有十九名出席會議討論該項任命，並以十九票贊成全票通過。當伯特蘭‧羅素接受聘請的時候，理事會會長奧德韋‧蒂德（Ordway Tead）給他發出以下信件：

1　在我寫這篇報道的過程中，賀瑞斯‧M. 卡倫教授和已故的約翰‧杜威編的那本優秀圖書 *The Betrand Russell Case* (The Viking Press, 1941) 給了我很大幫助。我特別受惠於卡倫、杜威和科恩的文章。 —— 作者註

"親愛的羅素教授：

"我非常榮幸地利用此機會通知閣下：根據高等教育理事會 1940 年 2 月 26 日會議所作的決定，任命您擔任市立學院 1941 年 2 月 1 日至 1942 年 6 月 30 日期間的哲學教授。

"我知道，您接受這一任命會給系和學院的名譽和成就增添光彩，會加深和擴大學院對人類生活的哲學基礎的興趣。"

代理院長米德同時向新聞界發表聲明，大意是説學院能聘到像羅素勳爵這樣世界著名學者，那是少有的幸運。這是 1940 年 2 月 24 日的事。

考慮到後來的事態發展，必須強調兩個事實。伯特蘭·羅素是教授下列三門課程，並不教授其他課程：

哲學 13：　邏輯的現代概念及其與科學、數學和哲學的關係的研究。

哲學 24B：數學基礎問題研究。

哲學 27：　理論科學與應用科學的關係及形而上學與科學理論的相互影響。

此外，在任命伯特蘭·羅素的時候，在市立學院只有男生能聽白天的文科課目課程。

II

當羅素的任命公佈後，美國聖公會的曼寧主教（Bishop Manning）寫信給紐約市所有的報紙，譴責理事會的這一決定。他寫道：“有些大專院校在我們的青年面前把一個被公認為反宗教、反道德的宣傳家，並且專門為通姦辯護……的人抬出來，當作一位有責任感的哲學教師。對此，我們該說些甚麼呢？……任何一個關心我們國家幸福的人能願意目睹這種教導在我們高等院校的慫惥下廣為傳播嗎？”幾天後，這位主教又發起攻擊，説：“有那麼一些人，他們在道德上和精神上被人搞得如此糊塗，以至於他們在任命……一個發表文章説‘在人類慾望之外不存在任何道德標準’的人這件事中，看不出有甚麼錯誤。”順便應該説一下：如果按照曼寧主教的意思，拒斥各種形式的倫理相對主義是擔任哲學教師的必要條件，那麼，半數或半數以上的哲學教師都得被立即辭退。

主教的信是發動一場從傑佛遜（Jefferson）和托馬斯·潘恩（Thomas Paine）時代以來在美國歷史上前所未有的誣衊和恐嚇運動的信號。教會刊物、赫茲報系（Hearst press，美國出版界巨頭）、幾乎所有的民主黨政客，全都加入了這場誹謗大合唱。《簡報》（The Tablet）説，羅素的任命是“對老紐約人和所有真正的美國人一個野蠻的、侮辱性的打擊”。為了要求撤銷任命，它發表社論把羅素描繪成一個“信奉異教的教授”，是“大不列顛的哲學無政府主義者和道德虛無主義者……他為通姦的辯護使人非常反感，據説連他

的一個'朋友'都揍了他一頓"。耶穌會的《美洲》(*America*)
週刊的行文甚至更加優雅，它把羅素說成是"一位乾癟的、
離過婚的、頹廢的性濫交提倡者……。他現在正在加利福
尼亞大學向學生們傳授他關於性、胡亂戀愛、無常婚姻方
面放蕩生活之自由主義規則……。這個正在墮落的人……
他已出賣了自己的'精神'和'良心'。……這個道德敗壞、
敵視宗教的教授……正派的英國人對他採取冷淡疏遠的態
度"。這些期刊的編輯收到的信件甚至更加瘋狂。一位記者
在《簡報》上說，如果高等教育理事會不撤銷這個決定，那
麼"流沙將臨！蛇隱草中！蠕蟲在腦子中作祟！如果伯特蘭·
羅素甚至對他自己都開誠相見的話，他就會像盧梭那樣宣
稱：'我檢查自己的每一本著作都會不寒而慄；我不是在施
教，而是在腐蝕；我不是在培育，而是在毒害。但是激情使
我迷亂，儘管我說得冠冕堂皇，我只是個無賴'。"這封信
是發給拉瓜迪亞市長 (Mayor LaGuardia) 的一份電報副本。
這位記者在該信中繼續寫道："我懇求閣下保護我們的青年
免受他的荼毒，免受這一個聰明絕頂的黑猩猩，魔鬼派往人
間的使者的惡劣影響。"

　　同時，理事會理事、美國聖公會重要信徒查理斯·H. 塔
特爾 (Charles H. Tuttle) 宣佈，他會在 3 月 18 日召開的下一
次理事會議上提議重新審議這項任命。塔特爾解釋說，在任
命時他不了解羅素的觀點。他當初要是了解的話，就會投票
反對了。距離開會只有幾天了，這時狂熱的宗教徒們想盡一
切辦法恐嚇理事會理事，並擴充羅素的罪行錄。美國青年聯

盟的溫菲爾德 • 德馬雷斯特（Winfield Demarest）說："我們的團體不贊成羅素關於學校宿舍男女生混宿的意見。"

赫茲報系的《美國人日報》(*Journal & American*) 一面要求對高等教育理事會進行調查，一面硬說羅素贊成"婦女國有化……非婚生育……把孩子培養成不信神的國家的馬前卒"。它還使用斷章取義地引用多年前所寫的著作的方法，把羅素說成是共產主義的擁護者。儘管眾所周知，羅素是反蘇聯共產主義的，但那些狂熱的宗教徒從那時起一直稱他是"親共產主義者"。在這場仇恨運動的所有特點中也許沒有比這種處心積慮的歪曲更醜陋的了。

每天都有許多以關心教育聞名的組織，例如，沙勿略子弟會（Sons of Xavier）、美國天主教中央聯盟紐約分會（The New York branch of the Catholic Central Verein of America）、愛爾蘭人古會（The Ancient Order of Hibernians）、哥倫布騎士團（The Knights of Columbus）、天主教律師協會（The Guild of Catholic Lawyers）、貞德聖名會（The St Joan of Arc Holy Name Society）、都市浸禮會教派牧師會議（The Metropolitan Baptist Ministers）、新英格蘭婦女會中西部聯合會（The Midwest Conference of the Society of New England Women）、帝國州美國革命子弟會（The Empire State Sons of the American Revolution）動議，要求解除羅素的教職，而且在多數情況下還要求罷免那些投票贊成任命羅素的理事會理事。報紙上報道了這些動議以及知名教士意味深長的演說，他們的攻擊愈來愈圍繞兩項指控展開 —— 羅素是外僑，

所以依照法律不能在學院任教；他關於性的觀點確實以某種方式懲惡犯罪。紐約州伊索珀斯（Esopus）的至聖教主會神學院（Redemptorist Seminary）的神聖雄辯術教授約翰・舒爾茨（John Schultz）牧師大人問道："為甚麼不讓聯邦調查局的人追查你們的高等教育理事會？"這位知名學者接着說："有人教導這個城市的年輕人說，不存在說謊這樣的事情。有人教導他們說，偷盜是有道理的，搶劫和掠奪也是有道理的。像洛布（Loeb）和利奧波德（Leopold）在芝加哥大學受到的教育那樣，有人也教導他們說，慘無人道的罪行是有道理的。"不用說，所有這些可怕的事情都與任命伯特蘭・羅素這位"自由性愛、青年性濫交、憎恨父母的策劃者"有密切的關係。好像那還不夠糟糕，另外一位演說者還把羅素和"血泊"聯繫起來。法蘭西斯・W. 沃爾什（Francis W. Walsh）閣下在紐約警察局的聖名會一年一度的共進早餐儀式上發表演說時，令聚集在那裏的警察回想起了他們有時發現三角形的一角浸在血泊中，從而領悟了所謂"三角婚姻"的全部含義。他接着說："因此我敢說，你們會同我一道要求：任何教授，如果他犯有這樣的錯誤，即他傳授或著述的觀念使得上演這些悲劇的舞台成倍地增加，那麼他就不應該在這個城市中得到支持，不應該獲得納稅人的資助……"

在拉瓜迪亞市長刻意保持緘默的時候，許多坦慕尼協會（Tammany）的政客就開始行動了。紐約州第一副檢察官、沙勿略子弟會會長（現為麥戈伊法官）約翰・F.X. 麥戈伊（John F.X. McGohey），充分解釋了他們關於學術自由的概念，他反對用納稅人的錢"僱人傳授否定上帝，蔑視禮儀，完全與我們國家、政府和人民的基本宗教性質唱反調的人生哲學"。3 月 15 日，也就是理事會重新召開會議的前三天，布朗克斯區區長、審訊官的一門大炮詹姆斯·J. 萊昂斯（James J.Lyons），在市參議會提出一項動議，呼籲理事會撤銷羅素的任命。這項動議以 16 票對 5 票獲得通過。共和黨人斯坦利·以撒斯（Stanley Isaacs）為伯特蘭·羅素和高等教育理事會作有力的辯護，這應該記錄下來，作為他勇敢和無視暴民情緒的永久證明。萊昂斯不但提出他的決議案，而且還宣佈在下一次討論預算時，他要提議"刪去規定為這個危險的任命進行補償的條款"。可是，與昆斯區區長喬治·V. 哈威（George V. Harvey）相比，布朗克斯區區長萊昂斯還是溫和寬厚的。喬治在一次羣眾大會上宣佈：如果不解除羅素的教職，他就要提議撤銷市屬大學整個 1941 年度 750 萬美元的維修費撥款。他說，如果按照他的辦法，"大學要麼是敬神的大學、美國的大學，要麼就關門大吉"。其他一些著名且有威嚴的演講者也在這個抗議會上發言。市參議會議員查理斯·E. 基根（Chareles E. Keegan）罵羅素是"狗"，他說："如果我們有尚可的移民制度，就可把那個無業遊民拒於千里之外"。但是，由於他已登上了美國土地，紐約縣戶籍登記員瑪莎·伯恩斯小姐（Martha Byrnes）就告訴觀眾用甚麼辦法對待那條"狗"。她大聲說道，應該把羅素"塗上柏油，粘上羽毛，驅逐出國境"。我想，這就是演講者所說的"敬神的"、"美國的"方式。

III

　　如果説狂熱者在地方政治事務中是很有勢力的話，那麼支持學術研究獨立自主的人在全國所有主要的大專院校中也是很有勢力的。許多學院院長都為羅素辯護，其中有布魯克林的吉迪恩斯、芝加哥（前一年羅素曾在那裏任教）的哈欽斯、北卡羅來納的格雷厄姆（他後來成為美國參議院議員）、史密斯的尼爾森、安蒂奧克的亞歷山大，以及加利福尼亞大學（當時羅素正在"向學生們傳授他關於性、胡亂戀愛和放蕩生活之自由主義規則"）的斯普勞爾。各學會的現任和前任會長——ΦＢＫ 聯誼會[2]的尼科爾森、美國數學學會的柯里、美國社會學學會的漢基斯、美國歷史學學會的比爾德、美國哲學學會的杜凱斯、美國大學教授協會的希姆斯特德以及其他許多人，也聯手為羅素辯護。十七位全國最著名的學者（其中有康奈爾大學的貝克爾、約翰斯·霍普金斯大學的洛夫喬伊，以及哈佛大學的坎農、肯布林、佩里和施萊辛格）向拉瓜迪亞市長遞送了一封信件，抗議"對世界著名哲學家伯特蘭·羅素的任命進行有組織的圍攻……"。這封信接着説：如果圍攻得逞，"美國的大專院校就都不能倖免於受自由探究其敵人的宗教裁判所式的控制……。對於任何地方的學生來説，能受到智力像伯特蘭·羅素那樣高的人的指導，是不可多得的榮幸……。批評他的人，應該

2　The Phi Beta Kappa，美國大學優秀生和畢業生的榮譽組織，成立於 1776 年。——譯者註

同他在公開且公正的知識探討和科學分析領域裏較量。他們沒有權利用阻止他任教的方法來箝制他的言論……。這是個根本性的問題，不可能通過互讓得到解決而不危害美國大學賴以生存的整個理智自由的結構。"懷海德、杜威、沙普利、卡斯勒、愛因斯坦——所有全國最傑出的哲學家和科學家都公開表明自己支持羅素的任命。愛因斯坦說："偉大人物總是遭到庸人的強烈反對。當一個人並不輕率地順從沿襲的偏見，而是誠實地、無所畏懼地運用他的聰明才智時，庸人是不可能理解的。"

對羅素的支持絕不局限於學術界。羅素的任命和行使任命權的機構的獨立性，當然得到了美國公民自由聯盟（American Civil Liberties Union）和文化自由委員會（Committee for Cultural Freedom）的贊同，當時委員會的會長是悉尼·胡克（Sidney Hook）。所有比較開明的宗教團體的主要發言人也都站在羅素一邊，其中包括約拿·B. 懷斯（Jonah B. Wise）拉比、哈佛大學神學院的 J.S. 比克斯勒（J.S. Bixler）教授、全國宗教和教育理事會理事 E.S. 布賴特曼（E.S. Brightman）教授、哥倫比亞大學新教徒學生輔導員羅伯特·G. 安德勒斯（Robert G. Andrus）牧師、約翰·海恩斯·霍姆斯（John Haynes Holmes）牧師，以及對曼寧主教代表美國聖公會的發言權提出質疑的蓋伊·埃默里·希普利（Guy Emery Shipley）牧師。九大出版商，包括藍登書屋的貝內特·瑟夫（Bennett Cerf of Random House）、哈珀出版公司的卡斯·坎菲爾德（Cass Canfield of Harper's）、艾爾弗雷德・A. 克諾夫（Alfred A. Knopf）、哈考特・佈雷斯出版公司的唐納德・佈雷斯（Donald Brace of Harcourt Brace），發表聲明，稱讚選擇羅素的入選"只會給高等教育理事會帶來最高榮譽"。説到羅素"哲學上的輝煌成就"和他"作為教育家的高尚品質"時，這些出版商斷言："紐約市的學生不能從他的任命中獲益，那將是一件遺憾的事情"。他們接着説，作為出版商，"我們不必對我們出版的那些書籍的作者所表達的所有觀點都親自表示贊同，但是我們歡迎才智出眾的人加入我們的作者隊伍，尤其是在當前世界許多地區暴力和無知已經大大壓倒了理性和才智的時候。我們認為，一有機會就尊重理智的優越性，這一點現在比以往任何時候都更加重要。"《出版者週刊》（*Publishers' Weekly*）和《紐約先驅論壇報》（*New York Herald Tribune*）都以社論的形式，而且桃樂西・湯普森（Dorothy Thompson）也在她的《記錄》（On the Record）專欄中，表達類似的看法。她寫道："羅素勳爵不是不道德的人。認識他的人都知道，他是個具有最完美健全的理智且為人正直的人。"

在市立學院本身，師生都因為教會和政府對學院事務的干預而感到非常憤慨。在大會堂舉行的一次羣眾大會上，莫里斯・拉斐爾・科恩教授把羅素的境遇比作蘇格拉底的境遇。他説，如果撤銷羅素的任命，"我們城市的美名就會被玷污，就像雅典因為譴責蘇格拉底腐蝕雅典青年或田納西（Tennessee）因為裁決斯科普斯（Scopes）講授進化論有罪而遭玷污一樣"。就在這次大會上，著名哲學史家小赫爾曼・

蘭德爾（Herman Randall）教授（他本人是個宗教徒）譴責教
士反對任命羅素的行動是"十足的厚顏無恥"和"下流的無
禮舉動"。紐約市立學院三百名教職員工聯名寫信祝賀高等
教育理事會這一值得高度讚賞的任命。市立學院的學生家
長也沒有對讓他們的子女受"自由性愛的策劃者"腐蝕性影
響的前景感到十分擔心。儘管反對羅素的人大多誇示自己
是"被激怒的家長"的代言人，市立學院家長聯合會仍一致
投票擁護理事會的決定。

IV

　　在狂熱分子的一片鼓噪和威脅聲中，理事會中有些理
事驚慌失措。但是，在 3 月 18 日的會議上，大多數理事仍
然忠於自己的信念，因此這項有爭議的任命還是以 11 票對
7 票得到確認。反對派預料到了這次失敗，準備好在各條戰
線上採取行動。阻撓羅素在市立學院的任命到目前為止已
經失敗，他們又試圖不讓他在哈佛大學任教。哈佛大學曾
邀請羅素執教 1940 年秋季學期的威廉·詹姆斯講座。3 月
24 日，波士頓市的"立法代理人"托馬斯·多根（Thomas
Dorgan）寫信給詹姆斯·B. 科南特（James B. Conant）校長：
"你知道羅素鼓吹試婚，主張放鬆對道德品行的約束。請注
意，僱用這個人是對麻省內每個美國公民的侮辱。"

　　同時，有人要求紐約州立法機關籲請高等教育理事會撤
銷羅素的任命。曼哈頓的民主黨參議員費爾普斯·費爾普
斯（Phelps Phelps）提出一項決議案，要立法機關記錄在案：

"不宜用納稅人的錢讓一個鼓吹禽獸道德的人在我們州的教育系統中擔任重要職務"。這項決議案被通過了，而且就我所知，沒有一個人出來反對。

　　這項決議案是更激烈行動的前奏。高等教育理事會的十一位理事非常固執，他們公然違抗統治集團的命令。持異端者必須受到懲罰，一定要讓他們明白在紐約州究竟是誰在行使真正的權力。少數派領袖、參議員約翰·F. 達尼根（John F. Dunigan）根據曼寧主教和福特漢大學（Fordham University）坎農（Gannon）校長的聲明，告訴參議院說，羅素的哲學"敗壞宗教、政府和家庭關係"。他抱怨"現在那些人的無神、唯物主義理論控制着紐約市學校系統"。這位參議員爭辯說，理事會"不管公眾的強烈反對，堅持任命羅素"的態度，"是這個立法機關關注的問題"。他要求對紐約市的教育系統進行徹底的調查，並明確指出這種調查主要是針對高等教育理事會所屬各院校的。參議員達尼根的決議案只是稍經修改便被通過。

　　但是，這些只是小衝突，最大的花招是在紐約市內實施的。布魯克林一位以前並沒有因為對社會問題感興趣而聞名的瓊·凱（Jean Kay）夫人，以納稅人的身分向紐約州最高法院提起訴訟，以羅素是外僑和鼓吹傷風敗俗的性行為為理由，要求撤銷羅素的任命。她說她擔心，如果她的女兒格洛麗亞成為伯特蘭·羅素的學生會發生甚麼事情。格洛麗亞·凱不可能在市立學院成為羅素的學生這個事實，顯然被認為無關緊要的。後來凱夫人的律師又提出反對任命伯特蘭・羅素的兩條理由。一條是他沒有經過競聘考試，另一條是"任命任何信仰無神論的人為教師都是違背公共政策的"。

　　代表凱夫人的律師名叫約瑟夫・戈爾茨坦（Joseph Goldstein），他在坦慕尼協會中的地位超過拉瓜迪亞，曾當過市長。戈爾茨坦在他的辯護狀中把羅素的著作說成是"好色的、淫蕩的、貪慾的、縱慾的、色情狂的、激發性慾的、不虔誠的、偏執的、虛偽的和喪失道德品格的"。但是，這還不是全部。按照戈爾茨坦的說法，"羅素在英國領導過一個裸體營。他的子女曾一絲不掛地展示自己的身體。他和他的妻子曾赤身裸體地招搖過市。這個人現年大約七十歲，曾酷愛色情詩。羅素對同性戀睜一隻眼閉一隻眼。我可以進一步說，他贊成同性戀。"但是，甚至這還不是全部。戈爾茨坦大概把餘暇都用來研究哲學了，結果對羅素的著作作了個品質評斷。這個災難性的評斷內容如下：

> "按公認的詞義來看，他不是一個哲學家；不是一個熱愛智慧的人；不是一個探求智慧的人；不是一個旨在探究用終極原因（ulimate causes）來解釋宇宙一切現象的那種普遍科學的人；在你的證人和其他許多人看來，他是一個詭辯家；施行詭辯術；他靠狡詐的計策、騙術和謀略，靠純粹的牢騷，提出謬論和沒有正確的推理支持的論點；他所作出的論斷不是從正確的前提合理地演繹出來的；

　　所有他所謂的學說，並被他稱之為哲學的東西都是
　　低劣、庸俗、陳腐、拼湊而成的信條和命題，他想
　　出這些東西是為了把人們引入歧途。"

　　根據《每日新聞》(*Daily News*) 的報道，無論是凱夫人，還是她的丈夫，或者是戈爾茨坦，都不肯説出是誰在支付這筆訴訟費。

　　直到那時，羅素除了在這個運動剛開始的時候發表過一個簡短的聲明以外，始終不發表任何意見。他在這個簡短的聲明中説："我不想回答曼寧主教的攻擊……。任何在青年時代就決心不顧敵視和歪曲都要正直地思考和説話的人，早就預料到會受到這種攻擊，而且不久就會知道最好是不理睬它們。"然而現在，這種攻擊走上了法律程式，羅素只好作出答覆。他説："迄今為止，我對於有關我在市立學院受到任命的爭論幾乎一直保持沉默，因為我認為自己不宜發表意見。但是當在法庭上對我的行為作極不符合事實的陳述時，我覺得自己必須斥責他們是在説謊。我從來沒有在英國領導過裸體營。我和我的妻子也從來沒有在公開場合裸體遊行。我對色情詩從來不感興趣。這種斷言是蓄意製造的謊言，謊言的炮製者肯定知道它們毫無事實根據。能有機會宣誓否認這些事，我將很高興。"應該再補充一點，羅素也從來沒有"贊成"過同性戀。但這是我在後面要詳細談論的問題。

　　凱夫人的訟案由麥吉罕 (McGeehan) 法官審理，他曾

與布朗克斯區民主黨機構有來往。在這個案件以前，他已經因為試圖把馬丁・路德的畫像從法院牆上反映法制史的壁畫中撤除而出名。市政助理法律顧問尼古拉斯・布奇（Nicholas Bucci）代表高等教育理事會。他非常委婉地拒絕捲入關於羅素的看法是否邪惡和他配不配當哲學家的辯論。他只是回答辯護狀中的那個與法律有關的問題──即不能任命外僑在市立學院供職的問題。布奇認為事實並非如此，因而要求駁回訴訟。麥吉罕威脅地回答："如果我覺得這些書籍可以證實起訴狀的説法，我將提請本院上訴部和上訴法院考慮。"這裏提到的這些書籍是戈爾茨坦為支持他的指控而提出的。它們是：《教育與美好生活》（*Education and the Good Life*）、《婚姻與道德》（*Marriage and Morals*）、《教育與現代世界》（*Education and the Modern World*）和《我相信甚麼》（*What I believe*）。

V

　　兩天後，也就是 3 月 30 日，法官説出了他的想法。他根據"亦即自然法則和自然的上帝的……準則和標準"，撤銷了羅素的任命，並且像他面前的那些教士演説家那樣，也把這項任命説成是"對紐約市人民的侮辱"。他最終認為，理事會的決定是"實際上安放一把有傷風化的椅子"，而且當它這樣做時，它的行為也是"專橫的，任性的，直接危害公眾健康、安全和國民道德，也侵犯了本案起訴人的權利，因而起訴人有權要求法院作出撤銷上述伯特蘭・羅素的任命的決議"。據《星期日鏡報》(*Sunday Mirror*) 報道，法官承認他的裁決是"具有爆炸性的事件"。如果說他關心的是法律，那也不唯獨是法律，這一點從他進一步的聲明中也可以明顯地看出來，他說："這一決定為立法調查委員會奠定了基礎，我敢說他們會對查明伯特蘭·羅素的任命是如何出籠的感興趣"。

《新共和》(*The New Republic*) 指出，麥吉罕的判決"必定是以超人的速度作出的"。約翰·杜威 (John Dewey) 說，他懷疑法官根本就沒有看過戈爾茨坦先生作為證據提出的那些書籍。確定無疑的是，判決的速度快得有點反常。麥吉罕不可能在兩天中，除了寫出冗長的判決意見外，還仔細研究了四本書。法官根本就沒有打算像任何一個憑良心辦事的法官那樣保護各方的權利，這一點從這個案件的其他一些特徵上也可以明顯地看出來。例如，他沒有設法讓羅素否認戈爾茨坦的指控，而是似乎很爽快地接受了這些指控。麥吉罕不給羅素說他對羅素觀點的解釋是否正確的機會，他也不想搞清楚羅素是否仍然堅持他在八至十五年以前所寫的著作中表述的觀點。即使所有這一切不為司法公正所需要，也似乎為衡量一般基本行為準則所需要。

正如我們已經看到的，代表高等教育理事會的布奇先生，只是就羅素作為一個外僑依法不能被任命為市立學院教師的指控進行答辯。但是，麥吉罕撤銷任命的理由主要是根據凱夫人起訴狀中的其他指控。他不給布奇先生對其他指控進行答辯的機會就公佈了他的判決。麥吉罕說，被告已

"通知本法院他放棄答辯"。對此，布奇先生在宣誓書中則予以斷然否認，他的否認從來沒有遭到反駁。布奇先生發誓說，法官曾通知他，在他要求駁回起訴的申請被否定之後，仍然允許他發佈理事會的答辯。

但是，這些在程序上嚴重違法的做法與判決本身所包含的歪曲、誹謗和不合邏輯的推論比起來，就算不了甚麼了，對於這判決應該進行最仔細的研究。這判決表明，即使在民主國家裏，如果一個狂熱、虔誠的信徒取得了司法權，並且自以為得到有影響的政客撐腰，他在光天化日之下顯然會幹出甚麼來。必須大量引用這份令人詫異的文件，否則讀者就不會相信竟然發生過這種事情。此外，我也不希望像這位法官一樣用斷章取義的方法進行歪曲。我們將看到，麥吉罕法官顯示出自己是一個熟諳這種卑鄙伎倆的實踐者，而且頻頻成功地使羅素看起來好像是在提倡他實際上並不主張的東西。

撤銷任命的理由有三條。第一條，羅素是個外僑：

"首先，原告提出教育法第 550 條規定：'州公立學校僱用或委任從事教學的人不得是……3. 非公民；但這一條款的規定不適用於現在或今後受僱的外籍教師，假如這種教師能提出想成為公民的正式申請，並在此後的法律規定的期限內能成為公民的話。'據承認，伯特蘭·羅素不是公民，也不曾申請成為公民。市政法律顧問申辯說，他在任命之後還有足夠的時間可以提出申請。他還進一步申辯說，這一條款不適用於紐約市大專院校的教師；他申辯說，如果第 550 條適用的話，紐約市大專院校大多數教師的任命便都是非法的，因為他們既非州立師範學校的畢業生，也沒有教育局局長頒發的許可證……。說曾經打算使這一條款適用於像伯特蘭·羅素這樣一個在這個國家住了一段時間、從來沒有提出過公民身分的申請，而且，正如人們此後將會看到的，他即使申請顯然也會遭到拒絕的情況，這似乎是不合邏輯的。這一條款一般適用於'教師和學生'，而不限於中小學，因此本法院認為，因為這一條款的規定，伯特蘭·羅素沒有資格任教，不過這裏作出的這個決定並不只是根據這一理由。"

人們無須成為專家便可看出法官推理中愚蠢可笑的法律錯誤。援引的法規十分明確是指公立中小學而不是大專院校。它包含着大量絕非適用於大學教授的其他規定。然而即便是公立中小學，只要僑民宣佈自己願意成為公民，法律也允許他任教。羅素幾乎有一年時間可以來做這樣的事情。麥吉罕沒有權利假定羅素不會申請獲得公民身分。他也無權代表移民及歸化局的當權者講話。

可以想像，單單因為這種僭權，高等法院就不可能維持麥吉罕的判決。此外，移民當局無論是在判決之前還是在判決之後，都沒有任何要將羅素驅逐出境的意思，從這一點就可以判定，麥吉罕不斷地暗示羅素是個"品質惡劣"的人並犯有道德墮落罪，那是不足信的。

第二條，因為沒有對羅素進行競聘考試，所以宣佈他的任命無效：

> "原告的第二個論點是，任命羅素時沒有對他進行任何考試，在任命他時紐約市立學院行政委員會和高等教育理事會的會議記錄可以證實這一點。"

這個法律中有一個條款承認可以不進行競聘考試和在任何特定情況下由高等教育理事會決定是否進行競聘考試的可能性。麥吉罕不可能完全無視這一條款。但是他又必須不惜任何代價證明羅素不適宜於任教。因此他就用下面這種巧妙的論證來否定這一條款：

> "儘管本法院不必對高等教育理事會假定競聘考試對市立學院哲學教授一職是行不通的這一行動作出裁決，但本法院認為，高等教育理事會的這種假定是沒有根據的、武斷的、恣意的和直接違忤紐約州憲法明文規定的授權。如果世界上只有一個人懂哲學和數學，而且那個人就是羅素先生，那麼倒可以要求納稅人不經過考試僱用他，但考慮

到美國在教育上花過大量的金錢，很難相信甚至在美國也找不出一個既為學術又為社會生活增光的可用人選。其他大專院校，不管是公立的還是私立的，似乎都能找到可以僱用的美國公民；說紐約市立學院不可能通過某種考試僱用哲學教授，那是高等教育理事會的假定，紐約州人民在憲法中則拒絕給予這種權力，任何立法機關和理事會都不能違忤這種授權。"

人們很難認真看待麥吉罕的論點，其論點是：理事會不對羅素進行競聘考試的做法是"沒有根據的、武斷的和恣意的"。人們甚至更難想像法官是在真心誠意地堅持這一論點。如果對大學教師進行競聘考試的確是法律上的要求，那麼所有公立大學的教授都得解僱。高等教育理事會的全體理事都得被指控進行非法任命。紐約州教育局局長因為允許這麼多教授非法執教，所以也得受懲處。但是不管怎樣，競聘考試並不是法律上的要求，而且法律也沒有權阻止理事會對外僑進行考試比對公民進行考試更加行不通的情況作出自行判斷。[3]

3　法學雜誌中有三篇文章對麥吉罕判決的這方面內容進行了比較詳盡的討論：Walter H. Hamilton's 'Trail by Ordeal, New Style,' *Yale Law Journal*, March, 1941; Comment, 'The Bertrand Russell Litigation' (1941), 8 *University of Chicago Law Review* 316; Comment, 'The Bertrand Russell Case: The History of a Litigation' (1940), 53 *Harvard Law Review*, 1192. 我感謝這些文章提供了有關麥吉罕在程序上非法的和不合常規的做法的其他一些情況。——作者註

　　按照麥吉罕的邏輯，幾乎根本不能聘用傑出的外籍教師，因為在大多數情況下可能都能請到也足以勝任的美國人。眾所周知，美國研究較為高深學問的一切重要機構，一般都僱用外國人。在麥卡倫移民法以前，這一點曾通過使外籍教師不受通常移民配額的限制而得到正式承認。我注意到，著名天主教哲學家雅克・馬里頓（Jacques Maritain）最近被任命到一所市立學院任職。每個明智的人必定會愉快地接受這種任命，但據我所知，馬里頓卻是一位從未申請入籍的外僑。他也沒有參加競聘考試。沒有一個納稅人提起訴訟，要求撤銷這項任命。我也很想知道，如果有人根據這些理由起訴馬里頓，麥吉罕法官會怎樣認真地看待這些理由。

　　關於他意見中的第三條理由，法官談得更加津津有味。在前兩條理由中，顯然還帶有某種辯解的口吻。在第三條理由中則不復如此，這時必須保衛“道德”不受那個腐蝕青年的人以及高等教育理事會中那些他可疑的支持者的侵害。現在，麥吉罕成了兇殘的十字軍戰士。正像羅素後來所評論的，“法官為所欲為了”。這一階段的意見已變得相當混亂，理性的論證不管在前幾部分有多少，這時已漸趨消失。暴怒和憤恨無可爭議地佔據了支配地位。我們總是很難確定法官究竟以甚麼理由為根據下命令不准羅素任教，因為他自己也莫名其妙地承認，他許多的言論和判決毫不相干。羅素“品性邪惡”，他的學說具有“淫穢的”性質，這毫無疑問是很清楚的：

　　"上述理由足以支持訴狀並同意原告要求撤銷
任命，但是還有原告所仰賴的第三條理由，本法院
認為，這條理由似乎極其令人信服。原告聲稱，伯
特蘭・羅素的任命侵害了州和國家的公共政策，
因為羅素的學說臭名昭著、不道德且淫穢，因為原
告認為，羅素不是一個具有高尚道德品格的人。

　　有人認為，羅素先生的私生活及其著述與任命
他為哲學教師毫無關係。也有人認為，他打算教數
學。然而，他卻被任命到市立學院哲學系任教。"

法官接着說，在這方面，他"完全不考慮任何關於羅素
先生攻擊宗教的問題"。人們不得不承認，在這一點上法官
是非常寬宏大量的。有時也許值得指出的是，儘管像市政務
會委員查理斯・基根和參議員費爾普斯・費爾普斯這樣的
顯貴要人掌握着權力，但是紐約市畢竟是在一個非宗教的國
家美利堅合眾國，而不是佛朗哥統治時期的西班牙或神聖羅
馬帝國的一部分。不管怎麼說，在羅素批判宗教理論的問題
上，法官準備盡可能地寬大。但是，在其他問題上，話必須
說得更加嚴厲些：

　　"……，但是有一些基本原則是這個政府的基
石。如果當局任命一個沒有高尚道德品格的人擔
任教師，那麼，這項任命就違背了這些基本的先決
條件。做教師的先決條件之一是高尚的道德品格。
其實，這就是在市、州行政部門中，或在政府分支

機構中，或在聯邦政府中任職的先決條件。這裏無須為這種說法進行辯論，也無須到教育法中去找這種說法，教師職業的性質中就含有這種說法。教師不但要在課堂上進行言教，而且他們還要以身作則，給學生以身教。紐約市的納稅人花數以百萬元計的錢為紐約市的一些市立大學提供經費，他們並不是在浪費這些錢，撥出那些經費也不是為了僱用沒有高尚道德品格的教師。不過，在教育法中有足夠的根據支援這種論點。"

應該注意的是，儘管麥吉罕在他的整個判決中多次斷言羅素是一個"品性邪惡"的人，但是他卻始終不屑列舉羅素的行為，無論是真實的還是聽說的，以支持這個結論。例如，我們不可能確定他是否接受戈爾茨坦有關羅素夫婦曾"赤身裸體地招搖過市"，或者羅素曾"酷愛色情詩"的控告。我們同樣也不可能知道這位法官是否根據羅素在第一次世界大戰期間曾由於他的和平主義遭到過監禁，而得出羅素"品性邪惡"的結論，戈爾茨坦和很多此前並不以英帝國利益的維護者聞名的愛爾蘭人曾因這種和平主義而變得非常興奮。我不知道，對於這種不提供絲毫證據就作詆毀的陳述的做法，那些有幸洞悉"上帝的準則"的人會有甚麼看法。在像我這樣不太幸運的人看來，這種做法似乎很不道德；如果一個法官，在履行職責的過程中這樣做，那就似乎是一種嚴重的濫用職權。

羅素的品性相當惡劣，然而他的學說甚至更糟糕：

　　"原告認為羅素先生在其著作中傳播了傷風敗俗和淫亂的學說，這一點由那些被承認是伯特蘭·羅素所寫的書籍中得到了充分的證實。在這裏無須詳細描述這些書中所包含的污穢[4]，只要摘錄下面這些話就夠了。引自《教育與現代世界》第 119 和 120 頁：'我深信，如果大多數大學生都過暫時性的、沒有子女的婚姻生活，那麼大學生活，從理智和道德兩方面來講都會更加美好。這會為既非無休止的又非偷偷摸摸的、既非謀利的又非偶然的性慾提供解決辦法，而且這種解決辦法具有這樣一種性質，那就是，它無須佔用應當花在工作上的時間。'引自《婚姻與道德》第 165 和 166 頁：'就我來說，我完全相信試婚是朝正確的方向邁進了一步，而且會有很多好處，我並不認為這就夠了。我認為，一切不生育子女的性關係都應被看作是純屬私人的事情，如果一男一女願意過無子女的同居生活，那麼那應該是他們自己的事情，而與他人無關。我倒是認為，無論男女，若先前沒有過性經驗就開始做旨在生兒育女的結婚這種嚴肅的事情，那是不可取的。''現在對通姦特別重視是很不合理

4　粗體是我加上的。——作者註

的。'（引自《我相信甚麼》第 50 頁）"

法官不詳細描繪羅素書中所包含的"污穢"的原因也許很簡單，他在那裏根本就沒有找到任何"污穢"。正像約翰・杜威發表在《民族》（*The Nation*）週刊上的一篇文章中提到的："如果有人到羅素先生的著作中去搜尋污穢和淫話，那麼他就會感到失望。這種東西在羅素的著作中如此之少，以至於控告羅素先生犯淫亂罪的人只好採用那種隨心所欲和不負道德責任的方法，人們有充分的理由相信，這些人有這樣一種專制的道德觀，即：他們如果有權，就會壓制一切關於他們想要強加於人的那種信仰和做法的批評性討論。"至於法官的措辭——"污穢"、"有傷風化的椅子"，以及諸如此類的其他表述——有幾位作者指出，如果他在法院之外重複這些話，有人就會控告他誹謗。

麥吉罕似乎意識到，到目前為止就羅素為人及其學說所作的舉證還很不足夠。誠然，羅素的學說曾被說成是"淫亂的"；但是這一事實本身並沒有給予法院干預的權力。另外還需要一些東西，一些更激烈的，或者是我們說的更戲劇性的東西。這種情況需要創意想像力大顯身手，這位法官豪氣萬丈地接受了這一挑戰。他像牧師舒爾茨教授和其他神聖雄辯術專家一樣，想了個主意，把羅素與煽動違犯刑法聯繫起來。

"紐約州的刑法是我們人民生活中最重要的因素。我們作為這個城市的公民和居民，都生活在它

的保護之下。在處理人的行為方面，對於刑法那些
條文以及其中受譴責的那種行為，不可以掉以輕心
或置若罔聞。即使我們假定高等教育理事會擁有
立法機關可能會授予它任命教師的最大權力，它也
必須作出不違犯刑法或慫恿違犯刑法的行為。假
如它的行為提倡或慫恿違犯刑法，便對公共衛生、
公共安全和公共道德產生不利的影響，那麼，它的
行為是無效的，沒有法律效力。一個公正的法院，
由於其固有的力量，有充分的權力保護紐約市的納
稅人免受像高等教育理事會那種行為的侵害。"

在這樣情操高尚地捍衛刑法之後，這位法官接着就興致
勃勃地引證起一些刑法條文來：

"紐約州的刑法對誘拐罪作了解釋並規定，利
用，或者促成他人領走或利用，不滿十八歲的女子
以達到性交目的者，而其不是她的丈夫，或者誘
使先前貞潔的未婚婦女，不論年齡大小，到任何地
方，以達到性交目的者，均犯誘拐罪，可處以十年
以下監禁（第 70 款）。另外，刑法還規定，即使是
合法扶養不滿十八歲女子的父母或監護人，同意她
被人領走以達到性交目的者，也觸犯刑法，可處以
十年以下監禁（第 70 款）。

關於強姦罪，刑法規定，在並不相當於一級強
姦的情況下與不滿十八歲非自己妻子的子女進行

性交者，即犯二級強姦罪，可處以十年以下監禁
（第 2010 款）。

刑法第 100 款規定通姦觸犯刑法。

刑法第 2460 款，除了別的以外還規定，為了
不道德的目的而引誘或試圖引誘任何婦女和他同
居者，即犯重罪，判罪時可處以不少於兩年、不超
過十二年監禁，並處以不超過 5000 美元罰金。”

在這些條款中，只有涉及通姦的那款規定從表面上看
還算與本題有點關係。羅素從來沒有提倡過“強姦”或“誘
拐”，也從來沒有慫恿別人“為了不道德的目的而引誘任何
婦女和他同居”。麥吉罕即使竭盡其斷章取義之能事，隨後
也不可能得到任何一段能解釋為鼓勵去犯這些罪的文字。
那麼為甚麼要援引這些條文呢？這位法官如果不是想在公
眾的頭腦中，尤其是在不了解羅素著作的人的頭腦中，把這
些罪行與羅素的名字聯繫在一起，他又為甚麼要援引它們
呢？我看美國司法機關的法官以前未必沒有採用過這種蠱
惑人心的手段。

為了不打亂這位法官的思路，我將連貫地把判決中的其
餘部分重述一下。他對“做好事”的學術自由的深透看法，
和他關於教師在講授數學或物理哲學時能夠引起“學生之間
性交，而進行性交的女生還不滿十八歲”的那種不同凡響的
“間接影響”說，值得認真的學生注意。這理論的後半部也
許可以叫作“超常影響”說，它肯定會引起心理學家和關心

超感知覺的人的興趣。

"要是我們考慮一下，為了實施這些法律規定，每年都要向納稅人徵收巨額稅款，那麼，任何一筆用於試圖鼓勵違犯刑法規定的開支，同公共福利必然完全是背道而馳的。即使在爭論過程中退一步認為高等教育理事會擁有選拔市立學院教職員工的獨立和專有權力，本法院或其他任何機構都不能複審或剝奪它的決定權，也不能用這種獨立和專有的權力來幫助、唆使或慫恿做出任何可能會違犯刑法的行動。假定羅素先生在不宣傳他似乎認為有必要經常在出版物上傳播的那些學說的情況下能執教兩年，他的任命也違背十分明顯的教學法原則，那就是教師的人格對學生看法的形成，要比許多三段論更有影響。我們鄙視的無能之輩不能說服我們去仿效他；我們喜愛的才能出眾的人卻無須費勁就能做到。伯特蘭‧羅素非同尋常的主張使他變得更加危險。羅素先生的哲學及其以前的行為都直接抵觸和違犯紐約州的刑法。要是我們考慮一下，人們的思想是多麼容易受正在執教的教授的觀念和哲學影響，那麼就會很清楚，高等教育理事會要麼無視他們的行動很可能產生的後果，要麼更關心擁護在他們看來似乎是對所謂的'學術自由'提出挑戰的那個事業，而沒有相應地適當考慮擺在他們面前的那個問題的其他方面。
儘管就純屬‘正當的’學術自由問題而言，本法院
不能干預理事會的任何行動，但是它不會容忍以
學術自由為幌子促進刑法禁止的行為在青少年的
意識中的普及性。這項任命損害社會的公共衞生、
公共安全和公共道德，因此法院有責任採取行動。
學術自由並不意味着學術放肆。它是做好事而不
是教邪惡的自由。學術自由不可能授權教師講授
謀殺和背叛是好事。它也不可能允許教師直接或
間接地講授學生之間的性交是正當的，而進行性交
的女生還不滿十八歲。本法院能從司法的角度注
意到這樣一個事實：紐約市各大學的學生都不滿
十八歲，雖然有些學生的年齡可能大一些。

　　“學術自由不能教導說誘拐是合法的，也不能
教導說通姦是有吸引力的，並且對社會有好處。有
已為國家締造者們所承認的真理的標準和尺度，我
們在《獨立宣言》的開篇就可以看到，他們在那裏
談到自然法則和自然上帝法則。那裏提出的學說
從那時起直到今天一直被所有的美國人視為神聖
不可侵犯，受到美國憲法和好幾個州憲法的保護，
並有全國公民用鮮血加以捍衞；這些學說承認造
物主賦予人的那些不可剝奪的權利應當受到保護；
凡是其生活和教誨與這些學說背道而馳的人，凡是
講授和實踐傷風敗俗之事的人，凡是慫恿和公開宣

稱違犯紐約州刑法的人，都不適合在本地任何學校任教。在我們的民主制度下，反對我們制度的人還沒有把我們政府的司法機關削弱到無力採取行動以保護人民權利的程度。在如此直接關係到公共衛生、公共安全和公共道德的地方，不管是行政部門還是其他部門，都不能為所欲為，在要求完全並且絕對地免受司法審查的背後掩飾自己的行動。紐約市高等教育理事會故意而且完全無視挑撥任何教師必須遵循的基本原則。關於羅素先生要教的是數學而不是他的哲學的論點，無論如何也不可能抹殺這樣一個事實：正是他作為教師的氣質，會使學生們敬仰他，試圖更多地了解他，而他愈能以他個人的氣質迷住他們，給他們留下深刻的印象，他就愈有能力在他們生活的所有領域裏擴大影響，使學生們在許多場合設法在各方面仿效他。

　　"在考慮本法院審查高等教育理事會對羅素博士所作出的決定和任命的權力時，本法院把該訴訟案中出示的證據分成了兩類，也就是，那些即使為許多人深惡痛絕，但是卻涉及有爭議的法案而不是就法律而言本身就邪惡的證據，和那些法院認為本身就邪惡的證據。羅素博士在他的題為《教育與美好生活》一書第 211 頁上表達關於手淫的觀點，他在那一頁上進而說：'聽其自然，未成年人的手淫對於健康顯然沒有不良後果，對於性格也沒有發現

不良後果；在這兩方面人們所看到的不良後果似
乎完全是由試圖阻止手淫的舉措所造成的……。
所以，在這方面，雖然可能很難做到，還是應該隨
孩子的便'；他在同一本書的第 212 頁上表達關於
裸體的觀點，他在那一頁上進而說：'從一開始就
應該允許孩子看他的父母、兄弟和姐妹在當然需
要脫掉衣服時裸露出來的軀體。不管怎麼說，不
應該大驚小怪；他完全不應該知道人們對裸體的
種種看法'；他關於宗教和政治的觀點，他自己的
私生活和行為，以及對他附帶的定罪和誹謗，都是
本法院認為高等教育理事會在評估羅素博士作為
教授的道德品格時應該考慮的問題，而且對這些
問題，高等教育理事會的決定是最後的決定。如
果高等教育理事會在這些方面的要求低於一般基
本行為的標準，那麼補救的辦法就是，叫有權以低
於公眾利益所要求的道德標準任命人的人來負責。
但是對於這種行為本法院無權過問，因為法律給予
高等教育理事會這個權力。然而只要事情一超越
有爭議問題的範圍，進入刑法的領域，那麼，本法
院就有權而且有責任採取行動。雖然即使《教育與
美好生活》一書第 221 頁上使用如下語言來慫恿通
姦：'我不會教導說，終生對配偶忠貞不渝無論如
何是可取的，或者，永恆的婚姻應該被認為是拒斥
短暫的插曲'，有人也會強調說，他只是鼓勵與其

犯重罪不如犯輕罪，但是當我們面對羅素博士關於雞姦這種該死的重罪的言論時，那種與其犯重罪不如犯輕罪的論點必然會站不住腳，犯雞姦罪可判處十二年以下監禁，關於這種墮落行為，羅素博士在他的題為《教育與現代世界》一書第 119 頁上這樣說：'如果容忍與別的男孩發生同性戀關係，那麼這種關係可能不會非常有害，但是恐怕這種關係甚至有妨礙今後正常性生活發展的危險。'

　　"參照紐約州的刑法來看羅素博士的這些原則，它們似乎不僅敗壞學生的道德，而且他的學說往往會使他們，而且在某些情況下還會使他們的父母和監護人，同刑法發生衝突，因此本法院就進行干預。"

　　法官的意思顯然是說羅素在慫恿"雞姦這種該死的重罪"；這是在"與其犯重罪不如犯輕罪的論點必然會站不住腳"之下，對他最卑劣的指控。就我所知，在羅素的許多著作中，只有兩段文字討論到同性戀。一處就是法官引用的那一段。另一處出現在《婚姻與道德》第 90 頁上，那段文字如下："男子間的同性戀，但不是女子間的同性戀，在英國是非法的；想發表改變這方面法律的論點而本身不至於因猥褻而違法，那是很難的。然而每個費神研究過這個問題的人都知道，這條法律是野蠻、無知迷信的結果，我們提不出任何一種合理的論點來支援這條法律。"由此看來，很清楚，羅素反對制裁同性戀的現行法律。我從最近發自倫敦的新聞報道中看到，具影響力的天主教徒近來好像轉而贊成羅素的立場，現在也支持廢除這些法律[5]。同樣也很清楚的是，羅素並沒有煽動甚麼人違犯他所反對的法律。在法官引用的那段文字中，羅素甚至沒有批評法律。他根本談不上鼓勵同性戀，只是闡述一種可能性，然後指出同性戀關係的某些有害後果。這是 1984 的邏輯：黑的就是白的，和平就是戰爭，自由就是奴役。不管是在鐵幕的哪一邊，所有狂熱之徒基本上都是一樣的，這話說得多麼正確！

　　不管是從法官引用的那幾段文字還是從別的地方來看，說羅素慫恿通姦也不符合事實。羅素主張的首先是，未婚男女如果相互之間有足夠的愛慕之情，那麼他們之間的性關係不是道德錯誤，這純粹是政府不該過問的私事。其次，他堅持認為，偶爾的私通關係未必就是離婚的理由。他在麥吉罕故意不予理睬的公開聲明中堅持認為，這與"慫恿"通姦根本不是同一回事。正相反，羅素提倡合法的試婚，甚至可以被看作是反對通姦的理由。但是不管怎麼說，《紐約州刑法》中把通姦定為犯罪的那一條，現在沒有、長期以來也不曾遵

5　根據今天報道，"一個由普通信徒和神職人員組成的天主教事務委員會曾向內政部建議，不把成年男子間的同性戀者'私下進行的兩相情願的行為'定為犯罪"……。關於同性戀問題，該委員會說："用監禁來改造有同性戀癖好的人多半是無效的，而且通常對他們有害。圓滿解決這一問題的方法並不是在關押同性戀者的拘留所裏。"（引自 1956 年 10 月 4 日的《紐約時報》）希望教會中的這些人道明智之士永遠不會出現在麥吉罕法官主審的法庭上，為他們鼓勵犯"該死的重罪"而進行答辯。── 作者註

照執行過。這是眾所周知的。能證明這條法律名存實亡的最有力的證據，也許來自麥吉罕自己擔任布朗克斯縣地方檢察官時的案件記錄。在他任期內，以通姦為法律上的充足理由，批准了大量的離婚案。但是麥吉罕，像所有其他地方檢察官一樣，從來沒有起訴過一個官方有這類犯罪記錄的當事人。

羅素對於裸體的看法，雖然不是本身就邪惡的，也被法官斥為令人"深惡痛絕"。他援引羅素早期著作《教育與美好生活》中寫的："從一開始就應該允許孩子看他的父母、兄弟和姐妹在當然需要脫掉衣服時裸露出來的軀體。不管怎麼說，不應該大驚小怪；他完全不應該知道人們對裸體的種種看法。"他以此作為證據表明：如果讓這項任命繼續有效，市立學院的哲學講座就會變成"有傷風化"的講座。麥吉罕顯然希望令羅素看起來像一個提倡家內脫衣舞的、（用麥吉罕先生豐富多彩的語言來說）"貪慾的、縱慾的、好色的、色情狂的"人。這位法官故意不引用羅素解釋他這種看法的理由的其他部分論述。在麥吉罕故意不引用的那些其他的段落中，羅素明白表示：他提出自己的建議並譴責不惜一切代價掩蔽人體的相反做法，因為這種做法會喚起"一種念頭，以為這裏頭有神秘的東西，孩子有了這種念頭，就會變得淫穢和猥褻"。

法官也故意不引用《婚姻與道德》一書中關於同一個問題的論述，該書是戈爾茨坦呈遞的、據說是麥吉罕看過的書籍之一。戈爾茨坦關於羅素曾"領導過一個裸體營"的指

控，大概就是從這段話的某些說法中推論出來的。這段話的
原文如下：

"禁止裸體的習俗，是對於性問題持得體態度
的一個障礙。就年幼的兒童而論，現在許多人已承
認了這一點。在當然需要脫掉衣服的時候，讓孩子
們相互看裸體，讓孩子們看他們父母的裸體，這對
孩子是有好處的。大約在三歲時，會有一個短促的
時期，那時孩子對他的父親和母親之間的差別感興
趣，而且會把這些差別與他自己和他的姐妹之間的
差別作比較。但是這個時期很快就過去了，此後他
對裸體並不比對衣服感興趣。只要父母不願意讓
他們的孩子看到他們的裸體，孩子就必然會產生一
種念頭，以為這裏頭有神秘的東西，孩子有了這種
念頭，就會變得淫穢和猥褻。避免猥褻的辦法只有
一個，那就是避免神秘。贊成在適當的環境中（如
在陽光燦爛的戶外）裸體還有許多健康方面的重要
理由。陽光照射裸露的皮膚，對增進健康非常有
效。此外，凡是看到過孩子光着身子在戶外跑來跑
去的人，必然會對這樣一個事實留下深刻印象：他
們比穿着衣服時，舉止得體得多，行動更加無拘無
束，動作更加優雅。成年人也是這樣。野外的陽光
下和水裏都是裸體的好場所。假如我們的社會習
俗允許這樣，裸體很快就會失去性的魅力；我們大

家的舉止就會更加得體，我們會因為皮膚接觸空氣
和陽光而變得更加健康，我們美的標準會同健康的
標準更趨一致，因為我們美的標準會與身體及其姿
態有關係，不只是與臉有關係。希臘人在這方面的
做法，是應當受到稱讚的。"

我必須承認，在這個問題上我想像不出還有甚麼比這些
話中所表達的更健康的態度。麥吉罕的反應使人回想起本
世紀初很有名的一幅漫畫，當時這位法官精神上的祖先之
一，安東尼・康斯托克（Anthony Comstock）[6] 正在開展反對
繪畫和雕塑中表現裸體形象的運動。這幅漫畫畫的是，康斯
托克正在把一個婦女拖上法庭，並且對法官說："閣下，這
個婦女生了個裸體的孩子。"

關於手淫問題，這位法官也像往常一樣犯有雙重歪曲羅
素觀點的罪行。首先他用斷章取義的手法歪曲羅素討論這
個問題的真正意圖。除此以外，麥吉罕還曲解他在審判中援
引的那段文字。法官試圖把羅素說成是在勸誘或提倡手淫。
在法官援引的那段文字中，羅素並沒有做那種事情。他只是
主張，與其用危言聳聽的恐嚇制止手淫，不如聽其自然。再
說，在這段文字出現於其中的上下文中，羅素根本不是在提
倡甚麼手淫，而是推薦了一些防止手淫的方法，但不是直接

6　康斯托克（1844-1915），美國最有影響的改革家之一。曾任紐約郵政稽
　　查員。自 1873 年直至去世，他領導了一場反對文學和其他文化藝術形式
　　中的誨淫內容的運動。——譯者註

禁止的方法。至於羅素的真實看法，它們是，而且長期以來一直是醫學常識。在這方面，《新共和》週刊恰當地評論說，法官只不過表明他自己不懂"醫學和心理學領域裏的整個一代的科學思想"。與其對大學教授進行競聘考試，也許還不如規定未來的法官必須對醫學心理學有某種最起碼的了解。

　　麥吉罕不僅僅歪曲羅素關於特定話題的觀點，他的意見中最惡劣的特點也許是歪曲羅素批評傳統倫理道德的總體意圖。聽了法官的意見，誰也不會得到這樣的印象：羅素是以高度認真的精神探討整個性道德問題，他的目的是要拋棄道德的約束，系統地闡述一種更仁慈、更人道的法規。羅素在這位法官可能從未看到過的一段文字中寫道："性不能廢棄倫理，就像經商、運動、科學研究或人類的任何其他活動不能廢棄倫理一樣。但是它能廢棄只是建立在由完全與我們不同的社會裏的那些未曾受過教育的人提出的那些古代禁律基礎上的倫理。在性方面，也像在經濟和政治方面一樣，我們的倫理仍然受恐懼的支配，而現代的種種發現已經使得這種恐懼變得不合理了……。誠然，從舊制度向新制度的轉變有它自身的困難，就像一切轉變都有困難一樣……。我所提倡的道德並不只是向成年人或者青少年説：'憑着你的衝動，你喜歡怎麼做就怎麼做。'人生必須始終如一；必須朝着那些不是即刻有益的、不是時時刻刻令人神往的目標繼續不斷地努力；必須為別人考慮；而且還應該有某種關於正直的標準。"他在《婚姻與道德》的另一個地方還説："性道德必須源出自一些普遍的原則，對於這些普遍的原則也許有相當廣泛的一致意見，儘管對於從這些普遍原則得出的結果會有廣泛的不一致意見。第一件必須做到的事情是，男女之間應該有盡可能多的那種深厚真摯的愛情，它包蘊着雙方的整個人格，並導致各方充實和增強的融合。……第二件重要的事情是，應該從生理上和心理上充分關心兒童。"羅素既不是"野蠻生活"的提倡者，也不是婚姻制度的反對者。在他看來，婚姻是"兩個人之間能夠存在的最美好最重要的關係"，而且他非常肯定地堅持認為，婚姻"是一件比兩個人互做伴侶的快樂更嚴肅的事情；它是一種制度，這種制度通過繁衍後代這一事實形成社會內部結構的組成部分，而且具有一種遠遠超越夫婦個人感情的重要性"。

這些觀點是否真的這樣危險是可以懷疑的。但是不管怎麼說，麥吉罕和形形色色的"道德"衞士為市立學院學生（不管大於還是小於十八歲）的天真和純潔擔憂，看來是不可信的。弄清羅素在市立學院任教是否可能會導致"放蕩的生活"、"誘拐"和其他的可怕行徑，應該是並不困難的。羅素一生中大部分時間都是教師——在英國、中國和美國。如果請他教過書的大學校長、他的大學同事，以及聽過他講課的學生提交關於羅素影響的報告，這無疑是非常簡單的事。這樣的報告實際上就有現成的，但是法官對它們卻不感興趣，他對它們之所以不感興趣，是因為所有人無一例外都用最高度的讚美之辭稱揚羅素。前一年羅素曾在那裏任教的芝加哥大學校長哈欽斯向高等教育理事會保證羅素作出過"重大的貢獻"，並且大力支持對他的任命。加利福尼亞大學校長斯普勞爾也採取同樣的立場，誇獎羅素是"一位最受人尊敬的同事"。洛杉磯的加利福尼亞大學學生報編輯理查·佩恩打電報給市立學院的一次抗議集會説："了解這位偉人的洛杉磯加利福尼亞大學學生完全支持你們。祝你們成功！"史密斯學院院長兼 Φ Β Κ 聯誼會會長瑪喬麗·尼科爾森也主動發表聲明，她曾在英國哲學研究所聽過羅素兩門課。據尼科爾森院長説，"羅素先生在討論哲學時從來不提起他的反對者提出的那些有爭議的問題。…… 羅素先生首先是個哲學家 ，他在教學中總是牢記這一點。要不是報紙誇張的渲染，我根本不會知道羅素先生關於婚姻、離婚、有神論或無神論的看法。"其他許多地方也送來了諸如此類的證言。前面我已經説過，麥吉罕法官並不是着眼於法律。我想還可以公正地補充説，他也並不是着眼於事實。

VI

對判決的反應有如人們預料的那樣。支持羅素的人灰心喪氣，反對羅素的人則歡欣鼓舞。支持羅素的人擔心巨大的政治壓力會阻礙高等教育理事會向高級法院進行有效的上訴。這些擔心，就像我們將會看到的，證明是非常有道理的。美國大學教授協會全國理事會在芝加哥召開會議，一致通過決議，敦促拉瓜迪亞市長和高等教育理事會與麥吉罕的判決作鬥爭。其他許多團體，其中包括美國科學工作者協會和公共教育協會，也採取了同樣的行動。專門成立了一個以哥倫比亞大學的蒙塔古教授為主席、約翰·小赫爾曼·蘭德爾教授為秘書的學術自由伯特蘭・羅素委員會。它的發起人中有史密斯學院退休榮譽院長威廉・A. 尼爾森博士；斯普勞爾校長和哈欽斯校長；威廉瑪麗學院 J.S. 布琳博士；尼科爾森院長；弗蘭克・金登博士，以及學術界其他許多著名人物。西北大學六十名教職員立即為該委員會捐款，稱讚伯特蘭・羅素情操高尚地和勇敢地探討道德問題。爭取文化自由委員會打電報給拉瓜迪亞市長，它在電文中指出，麥吉罕把羅素說成像個"浪蕩公子和惡棍"。該委員會又說：這"與已知的和很容易就能證實的事實大相徑庭，這些事實為羅素任教過的那些美國大學的校長所證實"。

美國爭取民主和理智自由委員會組織了一次抗議大會，會上發言的有哥倫比亞大學的沃爾特・勞滕施特勞赫教授、人類學家弗朗茲・博厄斯教授、紐約大學教務長 N.H. 迪爾伯恩和 H.N. 西布莉牧師。市立學院本身也在大會堂召開羣眾大會，那裏的學生在羅素有機會進一步敗壞他們的健康和道德之前，顯然就已經相當墮落了。學院最出色的畢業生之一厄普頓・辛克萊寄來了聲援信，他在信中斷言：法官和主教"使我們大家都知道了英國借調給我們一位當代最有學識和最慷慨的人"。最後他說，"不應當讓性教條的擁護者剝奪我們接受伯特蘭・羅素的服務的機會"。會上主要發言人有古典語言系的布里奇教授、哲學系的威納、歷史系的莫里斯和哥倫比亞師範學院的萊曼・布賴森。布賴森教授說："如果公立大學不能像別的大學那樣自由，那麼它們就沒有任何希望在我們一生的理智發展中發揮重要的作用。"最後這個需要考慮的因素,對麥吉罕法官、曼寧主教和坦慕尼協會那些支持他們勇敢嘗試的學者,也許沒有太大的影響。

在這整個事件發生之前,墮落行為肯定已在市立學院盛行多年了。因為市立學院校友會的理事會曾通過投票表決一致同意敦促高等教育理事會提起上訴。這項動議是由以顛覆活動聞名的組織伊曼紐爾寺(Temple Emanu-El)的退休榮譽拉比塞繆爾・舒爾曼博士提出的。最高法院法官伯恩哈德・欣塔格是支持這項決議的十八位理事之一,他也許在"間接"影響的學說方面沒有受過適當的教育。

加利福尼亞發生的一些事件也明顯表明,並不是所有的法官都像麥吉罕那樣精通刑法,那樣深切地了解學術自由。4 月 30 日,前部長 I.R. 沃爾先生在洛杉磯地方上訴法院提交了一紙禁止令狀,要求免去伯特蘭・羅素在加利福尼亞大學的職務。沃爾先生指控伯特蘭・羅素的學說是"顛覆性的"。加利福尼亞可不像紐約,這紙禁止令狀立即就被法院駁回了。

VII

羅素的敵人認為麥吉罕的判決是偉大的英雄主義行為,這是不言而喻的。這位法官現在成了審問官的議事錄中熱情讚美的歌頌對象。耶穌會的《美洲》週刊說:"他是一個美國人,一個陽剛而忠實可靠的美國人。"這還不夠,"他是一個品行高潔、應受尊敬的法學家,…… 最優秀的法學權

威之一。"他還"全心全意地實踐自己的宗教信仰",而且
"他身高大大超過六英尺,充盈着才智和仁慈"。他的優點
還不僅僅是這一些。羅素指責這位法官是一個"非常無知的
傢伙",他的這種指責完全不符合事實。他是一個古典文學
學者,一個"頭腦敏銳、學術成就輝煌"的人,……"他閱
讀希臘文原文的荷馬作品,欣賞拉丁文原文的賀拉斯和西
塞羅的作品"。其他許多人也參加了耶穌會刊物的諂媚大合
唱。其中有天主教教師協會會長法蘭西斯·S.莫斯利,他把
麥吉罕的裁決說成是"法學史上壯麗的篇章"和"正派和道
德力量的偉大勝利,也是真正的學術自由的勝利"。《簡報》
在要求對奧德韋·蒂德、代理院長米德以及其他對羅素的
任命負有責任的革命者進行調查之後,發表社論說:"麥吉
罕法官的裁決……帶有立即博得喝彩的那種簡明和真誠的
色彩。"

　　現在肯定已經很清楚了,羅素不是必須受到懲罰的唯一
罪犯。高等教育理事會的大多數成員差不多同樣應當受到
譴責,因此必須採取適當的行動制裁他們。紐約州教育理
事會(我相信普遍認為是美國右翼政治的"瘋狂派"的一部
分)在一次會議上譴責約翰·杜威教授和富蘭克林·D.羅
斯福夫人,因為他們宣傳寬容("一種病態的貧血的東西")
以代替我假設比如說在麥吉罕的程序中表現出來的那種"基
本的禮節"和"公平競爭"。就在這次會議上,宗教復興全
國委員會主席蘭伯特·費爾柴爾德(Lambert Fairchild)指責
高等教育理事會贊成任命羅素的多數人是"叛教的猶太教徒

和叛教的基督教徒", 並且強烈要求由 "仍然信仰自己的國家和宗教的人" 來取代他們。我們在前面提到過的那個罵羅素是 "狗" 和 "無業遊民" 的斯文紳士查理斯 •E. 基根, 在市參議會上提出這件事。他把羅素比作幫助納粹取勝的 "第五縱隊", 並且把他叫作 "公開承認的共產黨人", 竭力主張開除高等教育理事會中那些曾堅持要 "把羅素安插到市立學院任教" 的理事。他提出決議案, 籲請市長改組高等教育理事會, 任命那些 "更可信賴地" 為這個城市服務的理事。決議案以 14 票對 5 票獲得通過。但是, 應該附帶説一下, 市長不能隨便開除高等教育理事會理事, 因此, 市參議會議員基根的動議案只不過是一種高尚的姿態而已。

除了阻撓任命羅素和懲戒贊成任命的理事會理事之外, 剩下的任務就是啟發公眾認識自由的真正本質 —— 這是一個許多美國人對此都有嚴重誤解的問題, 產生這種誤解的原因很可能是受像傑佛遜和潘恩這種受騙的異教徒的影響。必須使麥吉罕和莫斯利的看法更加廣泛地為人們所知。在這場啟蒙運動中, "血泊" 演說家法蘭西斯 •W. 沃爾什閣下起了突出的作用。他在阿斯特飯店再次走上講壇, 這次是在紐約郵政局的聖名會一年一度的共進早餐儀式上, 他首先簡短地提了一下這次史詩般的法院裁決。他説, 這是他最後一次站在這個講台上, "我曾探討過數學教授稱之為三角婚姻的問題。但是, 由於尊敬的法官約翰 •E. 麥吉罕閣下已經把那道難題證明完畢, 我們就討論下一個有關的問題。" 沃爾什閣下接着討論 "一個用得很濫的詞", 那就是 "自由"。他說，因為人類"只有服從上帝的法則 —— 自然的法則、十誡的法則 —— 才能夠繼續存在，所以在我們美國就不允許任何人以自由的名義嘲弄上帝的法則。我們不允許任何人站在自由的講壇上試圖背後中傷自由。這適用於所有共產黨人和他們的同路人，適用於把州的法律凌駕於上帝的法則之上的所有納粹分子和法西斯主義者，適用於大學教授、書籍出版商以及生活在美國土地上的其他任何人"。沃爾什閣下有權被認為是研究濫用"自由"一詞的專家，這一點幾乎是不能否認的。

VIII

不就《紐約時報》在這件事情中扮演的角色說幾句話，這篇報道恐怕不算完整。如果不涉及宗教壓力集團，《紐約時報》通常就會很快地對濫用權力提出抗議。對羅素案的新聞報道像往常一樣是公正的和全面的。但是，在整個三月，羅素和高等教育理事會的理事每天都遭到最惡毒的誹謗，《紐約時報》卻完全保持沉默。在麥吉罕判決後的三個星期中，它連一個字的社論也沒發表。最後，到了 4 月 20 日，《紐約時報》登載了紐約大學校長蔡斯的一封信，指出麥吉罕的行動的某些含義。蔡斯先生寫道："就我所知，現在真正的問題是以前美國高等教育史上從未提出過的一個問題。那就是：在一個完全或部分靠公款維持的事業機構中，假如有一個納稅人提起訴訟，法院是否有權因為某個人的意見而取消對教職員的任命。……如果確認法院的這種權力，那麼

美國所有公立的大專院校中每個教職員的安全和理智獨立
性就受到了打擊。它的潛在後果是無法估量的。"

現在《紐約時報》感到有必要以社論的形式對這個問題
表明立場。它首先發表了一些一般性的評論,對已經挑起的
這場論戰的不幸結果表示痛惜。《紐約時報》寫道:關於任
命羅素的爭執"已經在這個社羣中造成了很大危害。當我們
全都是其中一部分的民主在如此多的方面受到威脅時,它給
我們的感情造成了無法忍受的痛苦"。社論接着擺出中立的
面孔說,"有關的所有各方"都犯了判斷的錯誤。"當初任
命伯特蘭·羅素是失策的和不明智的;因為,完全撇開伯
特蘭·羅素的學識和他作為教師的優點不談,從一開始就
可以肯定,他對各種道德問題所表達的意見會傷害這個社
羣中很大一部分人的感情。"任命究竟是"明智的"還是"失
策的",顯然要比教師的能力和學識的問題更為重要。對於
一份受人擁護的自由主義報紙來說,這確實是一種值得注意
的學說。

關於麥吉罕的裁決,《紐約時報》只能說它"寬容得頗
為危險"。這份自由主義報紙的憤怒主要不是對準濫用職權
的法官,也不是對準我馬上就要說到的行為怯懦的市長,
而是對準了惡毒攻擊的受害者伯特蘭·羅素。《紐約時報》
說,羅素先生本人,"當任命的有害的結果一旦變得明顯的
時候,就應當馬上明智地辭職"。對此,羅素在 4 月 26 日
發表的一封信中回復說:

　　"關於你們對我的紐約市立學院教職的任命而引起的爭論的各種提法,尤其是關於你們認為我'當有害的結果一旦變得明顯的時候,就應當馬上明智地辭職'的意見,我希望你們能允許我說幾句話。

　　"從某種意義上說,這也許是最明智的做法;就我個人利益而言,這肯定會是更加精明,也是要愉快得多。如果我只考慮自己的利益和意願,我本該立刻引退。但是,不管這種做法從個人的觀點來看可能是多麼明智,我認為它也是怯懦而自私的。許多意識到他們自己的利益和寬容與言論自由的原則岌岌可危的人,從一開始就迫切希望把這場論戰繼續進行下去。如果我引退了,我就剝奪了他們交戰的理由,而且默許了反對派這樣的建議:允許實力集團把他們覺得其意見、種族或國籍令人反感的那些人開除公職。在我看來,這好像是不道德的。

　　"是我的祖父促成了英國宣誓法和市政機關法的廢除,這兩個法律禁止任何非英國國教會教徒擔任公職,而我祖父本人就是英國國教會教徒。我早年最重要的記憶之一就是在廢除這兩個法律五十周年的那一天,由循道宗信徒和衛斯理宗教徒組成的代表團到我祖父住宅的窗外向他歡呼致敬,儘管唯一受影響的最大集團是天主教會。

　　"我相信一般説來論戰是沒有害處的。危害民
主的不是論戰和公開的分歧。相反，論戰和公開的
分歧是民主的最大保障。實力集團，即使是多數
派，也應該寬容地對待持不同意見的集團，不管這
些集團是多麼弱小，也不管他們的感情會受到多大
的傷害，這是民主的基本部分。

　　"在民主國家中，人民必須學會在感情受到傷
害時忍耐……。"

　　《紐約時報》在 4 月 20 日社論的結尾，特別強調要支持
蔡斯校長，希望高等法院複審麥吉罕的判決。後來，當法官
和拉瓜迪亞市長聯起手來，採用巧妙的方法極力阻止這種複
審的時候，它卻連一句反對的話都沒有説。這份"世界上最
大的報紙"在這個案件中的記錄就介紹到這裏。

IX

　　當麥吉罕的判決公佈於眾時，有些敵視羅素的人害怕上
級法院會宣佈這個判決無效。因此，市政委員會委員蘭伯
特在歡呼"正派力量的偉大勝利"之後就指出，鬥爭尚未全
勝。他為了表示自己非常尊重司法獨立，還補充説："正派
的市民應當團結起來，使任何法院都不敢推翻這一判決。"

　　這位市政委員會委員的擔心完全是多餘的。拉瓜迪亞
市長和市參議會的某些議員已經開始行動起來，以確保即使
上級法院支持反對麥吉罕判決的上訴，羅素也不可能恢復

原職。市長只是從預算中取消了任命羅素執教的那筆撥款。他做這件事情所採取的是特別偷偷摸摸的方式，他在公佈行政預算時，對此事隻字未提。幾天後記者才注意到劃去了這一項預算。當有人追問時，市長偽善地答覆說，他的行動"符合取消空職的政策"。美國公民自由聯盟主席羅傑・包爾溫（Roger Baldwin）隨即致電市長，表達了許多觀察者的想法。他寫道："在我們看來，否定你市高等教育理事會的做法的這種行為，比麥吉罕法官根據其自己的偏見作出的判決，似乎更令人討厭。"市長的這種做法是前所未聞的，而且按照專家們的看法，也是沒有法律效力的，因為只有學校董事會才有權控制它們預算裏的任何開支。

但是，單從預算中取消羅素講師職位的那筆撥款還是不夠的，每條管道都得堵死。為了保證不會任命羅素擔任別的職務，萊昂斯區長已在預算委員會會議上提出一項決議案，為下個年度的預算設定部分條件。該決議案規定："這裏所撥的款項不得用於僱用伯特蘭・羅素。"

這些措施使法庭上的任何上訴似乎都不太可能最終使羅素實際上恢復原職。但是為了堅持原則，高等教育理事會的大多數理事還是決定向高等法院提起上訴。在這個階段，市政法律顧問 W.C. 錢德勒（W.C. Chandler）先生通知高等教育理事會說，他不打算提出上訴。他同意高等教育理事會的看法，認為麥吉罕的判決"並不合法"，甚至勸高等教育理事會以後任命時可以不理會這個判決。儘管如此，他還是建議這場官司不要再打下去了。他說，因為牽涉到"宗教和道德方面的爭論"，高等法院可能會確認這一判決。同時，市長也宣佈完全"支持"錢德勒先生拒絕上訴。用"授意"這個詞，也許會比"支持"一詞更為準確。

高等教育理事會的大多數理事現在求助於私人法律顧問，"魯特，克拉克，巴克納和巴蘭坦律師（Root, Clark, Buckner & Ballantine）事務所"自願免費提供服務。巴克納先生以前是聯邦政府派駐紐約市南區檢察官，他的助手是約翰·H. 哈倫（John H. Harlan）先生。哈倫先生根據許多先例，向麥吉罕法官提出申請，要求由他的律師事務所代替市政法律顧問作為高等教育理事會的法定代理人。他還強調說，高等教育理事會沒有對麥吉罕的裁決作正式的答辯，並且認為，它有權要求撤銷該判決，以便對之進行正式的答辯。對於讀者來說，這個十字軍戰士認為哈倫先生的意見沒有法律依據，那是不足為奇。他決定，未經他同意，律師事務所不得替代市政法律顧問，並且輕蔑地把高等教育理事會的大多數理事叫做"現在不能就已經判決的案件再次提起訴訟"的一個"心懷不滿的小集團"。對於這一裁決的一切上訴均被高等法院駁回，而且由於市政法律顧問拒絕上訴，高等教育理事會已經沒有能力因不服麥吉罕取消對羅素的任命的判決而上訴。

麥吉罕的判決及其對羅素人品的誹謗公佈以後，有人勸羅素自己單獨聘請律師。羅素僱用了美國公民自由聯盟向他推薦的奧斯蒙德·K. 弗倫克爾（Osmond K. Fraenkel）先生。弗倫克爾代表羅素，立即申請以羅素為訴訟一方。他還申請允許對戈爾茨坦誹謗性的指責進行答辯。麥吉罕以這事與羅素沒有"法律關係"為理由，拒絕了他的申請。弗倫克爾先生將這一決定告到最高法院上訴部，上訴部的官員全都支持麥吉罕，而且不說明他們這樣做的理由。他後來又要求上訴部允許其向上訴法院上訴，這也被拒絕了。剩下少數幾種可供弗倫克爾先生採用的合法措施，同樣都沒有結果。該案與其女兒不可能成為伯特蘭·羅素的學生的凱夫人有法律關係，而與面臨身敗名裂的危險和生計都成問題的羅素卻沒有法律關係，這真是咄咄怪事。科恩教授貼切地評論說："如果這就是法律，那麼毫無疑問，用狄更斯的話來說，'法律就是愚不可及'（the law is an ass）。"

就這樣，高等教育理事會和伯特蘭·羅素本人都無法進行有效的上訴，麥吉罕的判決終於成為定局。約翰·杜威說："作為美國人，我們只能因我們光明磊落、公平公正的美名上的這道疤痕而臉紅。"

X

羅素從加利福尼亞大學來到哈佛大學，哈佛大學的校長和董事大概沒有充分記取麥吉罕法官關於羅素"不宜在這個國家的任何學校執教"的聲明。為了答覆托馬斯·多根，他們發表聲明，說他們已經"注意到對這一任命的批評"，但在回顧了整個情況之後，斷定這是"為了大學的最高利益重申他們的決定，而且他們已經這樣做了"。儘管我猜想強姦和誘拐的統計數字比平常多少高一點，羅素在哈佛大學的講學進行得非常順利。接着羅素在賓夕法尼亞州梅里昂的巴恩斯基金會（Barnes Foundation）講了幾年課。1944 年他回到英國。幾年以後，英國國王喬治六世授予他功績勳章。我不得不說，這表明不列顛君主國令人遺憾地漠視刑法的重要性。

　　1950 年，羅素在哥倫比亞大學舉辦馬切特講座（Machette Lectures）。他受到了熱烈的歡迎，對此每個出席者都終生難忘。有人拿它同伏爾泰 1784 年回到巴黎時所受到的歡迎進行比較，巴黎是伏爾泰曾被監禁的地方，後來他又被逐出巴黎。也就在 1950 年，瑞典一個委員會（大概其標準 "低於基本的禮節要求"）把諾貝爾文學獎頒給了伯特蘭·羅素。凱夫人、戈爾茨坦先生或麥吉罕法官都未作評論。總而言之，沒有發表任何意見。